FRIEDRICH HEBBEL

AGNES BERNAUER

EIN DEUTSCHES TRAUERSPIEL
IN FÜNF AUFZÜGEN

MIT EINEM NACHWORT

PHILIPP RECLAM JUN. STUTTGART

Der Text folgt der Ausgabe: Friedrich Hebbel: Sämmtliche Werke. Historisch-kritische Ausgabe. Besorgt von Richard Maria Werner. Erste Abteilung, Dritter Band. Berlin: Behr, [1911]. – Die Orthographie wurde behutsam modernisiert, die Interpunktion belassen.

Erläuterungen und Dokumente zu Hebbels »Agnes Bernauer« liegen unter Nr. 3127 [2] in Reclams Universal-Bibliothek vor.

Universal-Bibliothek Nr. 4268
Alle Rechte vorbehalten. © Philipp Reclam jun. Stuttgart 1964
Herstellung: Reclam Stuttgart. Printed in Germany 1979
ISBN 3-15-004268-2

PERSONEN

Ernst, *regierender Herzog zu München-Bayern*
Albrecht, *sein Sohn*
Hans von Preising, *sein Kanzler*
Marschall von Pappenheim ⎫
Ignaz von Seyboltsdorf ⎬ *Ritter auf der Seite des Herzogs Ernst*
Wolfram von Pienzenau ⎪
Otto von Bern ⎭
Graf Törring ⎫
Nothhafft von Wernberg ⎬ *Ritter auf der Seite des Herzogs Albrecht*
Rolf von Frauenhoven ⎭
Hans von Läubelfing, *ein Ritter von Ingolstadt*
Emeran Nusperger zu Kalmperg, *Richter zu Straubing*
Caspar Bernauer, *Bader und Chirurgus zu Augsburg*
Agnes, *seine Tochter*
Theobald, *sein Geselle*
Knippeldollinger, *sein Gevatter*
Hermann Nördlinger, *Bürgermeister zu Augsburg*
Barbara ⎫
Martha ⎬ *Bürgermädchen*
Stachus, *ein Diener*
Der Kastellan *auf Vohburg und Straubing*
Ein Herold *des Reichs*
Ein Legat *der Kirche*
Volk, Ritter *und* Reisige *in großen Massen*

Die Handlung ereignet sich zwischen 1420 und 1430.

ERSTER AKT

Augsburg.

ERSTE SZENE

Baderstube.

Theobald *(allein, einen Blumenstrauß in der Hand).* Ich weiß nicht, was ich tun soll. *(Er hält den Blumenstrauß empor.)* Zertret ich dich? Um die schönen Rosen wär's schade, die sind unschuldig! Oder überreich ich dich? Nein, gewiß nicht, und das hätt' ich ihm gleich gesagt, dem Herrn Ungetreu, der zu glauben scheint, daß ich keine Augen habe, und kein Herz, und kein Blut, wenn – Ja, das war's ja! Ich wollte sie prüfen! Da kommt sie! Mit dem Morgensüppchen des Vaters! Oh, wie das schmecken muß! Wenn die für mich einmal kochte, ich – *(Verbirgt den Strauß.)*

ZWEITE SZENE

Agnes *(tritt ein mit einer Suppe).* Guten Morgen, Theobald!
Theobald. Danke schön, Jungfer, danke schön! Wohl geschlafen?
Agnes. So sollt' ich Euch fragen! Ihr werdet oft herausgeklopft, wenn sie gerauft haben, und ein Pflaster brauchen.
Theobald. Das bemerkt Ihr? *(Für sich.)* Ich geb ihr den Strauß und bestelle alles! Wenn sie dann ein Gesicht macht und pfui sagt und mich anfährt: dazu gibst du dich her –
Agnes. Was verbergt Ihr denn hinter dem Rücken?
Theobald *(zeigt den Strauß).* Ja so, das hätt' ich bald vergessen!
Agnes. Ah, der ist schön! Gebt ihn mal her! *(Sie riecht.)* Wenn wir doch auch einen Garten hätten! Wessen Namensfest ist denn heute? *(Sie will ihn zurückgeben.)*
Theobald. Behüte, er gehört Euch!
Agnes. Mir? Oh, da dank ich! Aber da geht's mit Eurem alten Ohm wohl bald zu Ende?

Theobald. Mit meinem Ohm?

Agnes. Nun ja, weil er seine Blumen zu verschenken anfängt, das pflegt ein Gärtner nicht zu tun, und gekauft habt Ihr sie doch gewiß nicht?

Theobald. Er ist nicht von mir!

Agnes. Nicht von Euch? Von wem denn?

Theobald. Ratet!

Agnes. Von – – Nein, Barbara kann's nicht sein, die sieht mich nicht mehr an, ich weiß zwar nicht, warum.

Theobald. Es ist keine Sie!

Agnes. Keine Sie? Und Ihr seid's auch nicht? *(Sie legt den Strauß auf den Tisch.)*

Theobald. Gottlob, ihr fällt sonst niemand ein!

Agnes. Aber, da muß ich Euch doch fragen – –

Theobald. Scheltet nur! Ich wollt's bloß wissen!

Agnes. Was?

Theobald. Ob Ihr vielleicht in der Kirche nach ihm geblinzelt, oder ihm wohl gar bei einem Tanze die Hand gedrückt hättet!

Agnes. Wem denn?

Theobald. Es ist schon gut, wenn Ihr nicht von selbst auf ihn kommt! *(Er nimmt den Strauß.)* Ha, unserer alten Gertrud will ich ihn jetzt verehren, die soll ihn an die platte Brust stecken, wenn sie auf den Markt humpelt, und sich mit einem Knicks bedanken, wenn sie sich an dem Hause vorbeischiebt! *(Er springt.)* Ich könnte jetzt – – *(Er singt.)*

   Wenn zwei sich die Hände geben – –

Jungfer, es ist ein schönes Lied! *(Singt wieder.)*

   Und wer ein guter Geselle ist,
   Der wird wohl auch ein Meister!

Oder ist das nicht wahr?

Agnes. Ihr seid zu früh lustig! Spät am Abend ist besser, als früh am Morgen.

Theobald. Und doch singen die Vögel, wenn sie erwachen, und nicht, wenn sie einschlafen. *(Er faßt ihre Hand.)*

Agnes *(zieht sie zurück).* Was wollt Ihr?

Theobald. Bloß nachsehen, ob – Ihr habt sie mir einmal gelassen!

Agnes. Als Ihr mir eine Ader öffnen solltet!

Theobald. Nun freilich! *(Er nimmt die Hand wieder.)*

Ließ mein Schnepper keine Spur? Ich machte es ungeschickt!
Agnes. Zittert Ihr immer so dabei, wie damals?
Theobald. O nein! mir ward nur so wunderlich, als ich Euch weh tun sollte. Aber wie rot *Euer* Blut ist! *(Für sich.)* Aus meinen Lippen hätt' ich gern den Verband gemacht, wenn der Vater nicht dabeigestanden wäre!

DRITTE SZENE

Knippeldollinger *(ruft ins Fenster).* Guten Morgen, Patchen!
Agnes. Guten Morgen, Herr Gevatter!
Theobald. Ist der alte Geck auch schon da?
Knippeldollinger. Ich habe von Euch geträumt!
Agnes. Danke der Ehre.
Theobald. Von deinem Begräbnis hätt'st träumen sollen! Das hätt' sich besser geschickt.
Knippeldollinger. Kirschen gab ich Euch, von den großen, fremden, die ich an der Mauer aufziehe!
Agnes. Sind die schon so weit?
Knippeldollinger. O ja, es kommt heut abend ein Korb voll davon aufs Tanzhaus!
Theobald. Da werden sie gut bezahlt!
Knippeldollinger. Und während Ihr sie verzehrtet, führte ich Euch spazieren!
Theobald *(laut).* Auf den Kirchhof, jawohl, ich war mit dabei!
Knippeldollinger. Spaßvogel, ist Er auch da?
Theobald. Ihr tratet auf einen Totenkopf, und der schnappte nach Euch, es war der von Eurer letzten Frau!
Agnes. Pfui!
Knippeldollinger. Nicht doch, nicht doch, Patchen, ein Bader muß spaßig sein, man will doch was hören, wenn man sich den Bart oder das Haar scheren läßt. Der Theobald taugt zum Geschäft! Nur in die Ohren muß er niemanden schneiden, wie neulich mir! Nun, geh ich heute leer aus, bekomm ich das Patschchen nicht?
Agnes. Ich habe wieder die Blattern!
Knippeldollinger. Halt mir das nicht immer vor! Nun, ich werde dich nachher noch sehen, denn die Muhme

wird dich zum Turnier abholen, ich habe für Plätze gesorgt. Das wollt' ich dir eigentlich sagen!

Agnes. Danke! Zwar weiß ich nicht –

Knippeldollinger. Ei, es kommt nicht alle Tage. Ritter, Grafen und Barone sind schon hier in Augsburg selten, nun gar ein Herzog von Bayern – der Tausend, da wird niemand, als der Scharfrichter mit seinen Freiknechten fehlen, der freilich gute Gründe hat, nicht unter ehrlichen Christenmenschen zu erscheinen!

VIERTE SZENE

Theobald. Da humpelt er hin auf seinen drei Beinen. Ihr steht doch in seinem Testament? Nun, recht hat er, es wird lustig zugehen, ich freu mich auch! *(Es wird etwas durchs Fenster geworfen.)* Was ist denn das? Es klirrt ja!

Agnes. Schlüssel!

FÜNFTE SZENE

Barbara *(tritt in die Tür)*. Darf ich sie wiederholen?

Agnes. Barbara!

Barbara. Agnes?

Agnes. Du kamst lange nicht!

Barbara *(nimmt die Schlüssel auf)*. Und jetzt hab ich hier etwas zu tun! Siehst du?

Agnes. Wir waren immer so gut miteinander: was hast du jetzt gegen mich?

Barbara. Oh, das bin ich nicht allein!

Agnes. Heilige Mutter Gottes, was sagst du da?

Barbara. Du siehst deine Gespielinnen wohl gar nicht mehr an, daß du nicht weißt, wie sie dich ansehen?

Agnes. Es ist wahr, ich erhalte meinen Gruß nicht immer so freundlich zurück, wie ich ihn biete.

Barbara. Glaub's!

Agnes. Aber bei Gott, wenn mir das mit einer begegnete, so dacht' ich: Sie hat schlecht geträumt oder sie ist von der Mutter gescholten oder sie hat ihren Ring verloren –

Barbara. Dabei kamst du denn freilich gut weg.

Agnes. Was tu ich denn? Sag's!

1. Akt, 5. Szene

Barbara. Tun! Was tun! Wenn's schon so weit gekommen wäre, so würde man leicht mit dir fertig!

Agnes. Barbara!

Barbara. Sag doch einmal, warum – – *(Sie zeigt auf Theobald.)* Nun, da steht ja gleich wieder einer und gafft! *(Zu Theobald.)* Nicht wahr, ich bin gar nicht da! *(Zu Agnes.)* Gehst du heute? Zum Turnier, mein ich! Ja? Nun, da will ich's allen ansagen, damit sie zu Hause bleiben, ich zuerst!

Agnes. Das ist zu arg, das muß mein Vater wissen.

Barbara. Bewahre! Niemand red't dir was Übles nach!

Agnes. Und doch flieht man mich? Doch will man mich ausstoßen?

Barbara. Agnes, sieh mich mal an!

Agnes. Nun?

Barbara. Wie wär' dir wohl zumute, wenn – laß uns hinaufgehen in deine Kammer!

Theobald. Ich will nicht im Wege sein, wenn gebeichtet werden soll! *(Ab.)*

Barbara. Ja, wie wär' dir zumute, wenn du, wie sag ich, nun, wenn du einen gern hättest, und der hätte nur Augen für mich?

Agnes. Wie soll ich das wissen!

Barbara. So will ich's dir sagen! Du würdest – – Doch ich will mich nicht lächerlich machen, du weißt es selbst recht gut! Und meinst du, daß es anderen besser geht? *(Bemerkt den Strauß.)* Woher kommt der?

Agnes. Das weiß ich nicht!

Barbara. Nicht? Kommen so viele? Wenn er von meinem Wolfram käme, ich – – Und es ist gern möglich, gerade *die* Blumen stehen in seinem Garten! Gestern den ganzen Tag sah ich nach seinem Vetter, zwang mich, dem gleichgültigen Menschen verliebte Blicke zuzuwerfen und dachte, er würde rasen. Abends, als wir zu Hause gingen, strich er den Burschen selbst gegen mich heraus, es war ihm recht gewesen, ich hatte ihm einen Gefallen damit getan!

Agnes. Arme!

Barbara. Daran bist du schuld, niemand schuld, als du! Als er dich noch nicht kannte, hing er an mir, wie eine Klette. In den Bärenzwinger wär' er für mich hinabgestiegen und hätte meinen Handschuh heraufgeholt. Und nun – pfui!

Agnes. Du schiltst mich, und ich weiß nicht einmal, wovon du sprichst!
Barbara *(nimmt den Strauß).* Ich will schon dahinterkommen, ich nehm ihn mit!
Agnes. Mir gleich!
Barbara. Allen machst du abspenstig, was ihnen gehört! Ich würde mich schämen!
Agnes. Kannst du sagen, daß ich auch nur einen ansehe?
Barbara. Das ist's vielleicht eben! Nonne und doch keine! Heilige, aber noch nicht im Himmel! Die muß man Gott abjagen! Da muß man alles daransetzen! Ei, sei, wie wir, kuck auf, sprich, und es wird sich geben!
Agnes. Tät' ich's, so würdest du wieder schmälen!
Barbara. So geh ins Kloster, wirf den Schleier über, den niemand heben darf! Ich dich um Vergebung bitten? In Ewigkeit nicht!
Agnes. Wer verlangt's denn?
Barbara. Mein Beichtvater! Glaubst du, ich kam von selbst? Aber nein, lieber auf Erbsen knien! *(Hält den Strauß in die Höhe.)* Den werd ich ihm jetzt schenken! Kennt er ihn nicht, so schick ich dir einen doppelt so schönen! *(Ab.)*
Agnes. Sie tut mir leid! Aber kann ich's ändern?

SECHSTE SZENE

Theobald *(tritt wieder ein).* Die hat die arme Gertrud ja beraubt!
Agnes. Sie scheint den Verstand verloren zu haben!
Theobald. Das möcht' ich doch nicht sagen!
Agnes. So hätte sie recht?
Theobald. Ich glaube fast! Jungfer, ich könnt' Euch alle Morgen – –

SIEBENTE SZENE

Caspar Bernauer *(tritt mit einem Buch ein, das in ein rotes Tuch gewickelt ist; zu Agnes).* Ja, ja, ja! Wenn ich nur nicht mit soll! Nun geh hinauf und lege dein Kettlein an. Sie blasen schon am Fronhof.

Agnes. Nein, Vater, ich bleibe zu Hause!
Caspar Bernauer. Wie? Was? Warum wartest du hier denn auf mich? *(Zu Theobald.)* An den Destillierkolben! Das Feuer wird zu schüren sein!
Theobald *(geht ab)*.
Caspar Bernauer. Nun?
Agnes. Vater, all die Augen — es ist mir, als ob mich geradesoviel Bienen stächen! Und Er weiß ja, sie sehen alle nach mir!
Theobald *(tritt wieder ein)*.
Caspar Bernauer. Sieh du sie wieder an! Nun, wenn du lieber deinen Rosenkranz abbetest, meinetwegen! *(Sieht sich um, zu Theobald.)* Noch keine Salben abgerührt? Hat der Hahn heut morgen nicht gekräht?
Theobald *(geht ans Geschäft)*.
Agnes. Barbara war hier, alle hassen mich, ich verderb ihnen den Tag, wenn ich komme.
Caspar Bernauer. Und darum willst du ausbleiben? Nichts da! Dann dürfte der beste Ritter ja auch nicht kommen, denn der verdirbt den übrigen ja auch den Tag. Und der nächstbeste ebensowenig, und wer noch, bis auf den letzten, der nur zum Umpurzeln da ist! Torheit und kein Ende! Hinauf! *(Zu Theobald.)* Und du hole die Flasche mit dem Wundwasser herunter!
Beide *(ab)*.

ACHTE SZENE

Caspar Bernauer. Die Suppe ist kalt geworden! Ich nehm's für genossen! *(Legt das Buch auf den Tisch.)* Bischöfliche Gnaden haben recht, wenig bring ich heraus und gerade die Hauptsachen nicht, die vom Hippokrates, denn die sind griechisch. Ich muß es so zurücktragen.

NEUNTE SZENE

Knippeldollinger *(tritt herein)*. Guten Morgen, Gevatter! Ah! Das ist wohl ein Buch? Ja?
Caspar Bernauer. Und das ist wohl ein funkelnagelneues Wams?
Knippeldollinger. Nun, wenn alte Leute nichts

mehr machen ließen, würde mancher Schneider hungern! *(Sieht ins Buch.)* Herrje, wie kraus und bunt! Und das versteht Ihr, wie der Bischof?

Theobald *(tritt mit der Flasche ein und macht sich wieder zu tun).*

Caspar Bernauer. Ihr müßt immer fragen!

Knippeldollinger. Wie alt das wohl ist?

Caspar Bernauer. Seit der Kreuzigung unseres Herrn und Heilandes Jesu Christi sind jetzt verflossen eintausendvierhundertsechsundzwanzig Jahre, aber der Autor dieses Buches, das ist zu sagen der Urheber, nämlich der Mann, der es gemacht hat, war schon über vierhundert Jahre tot, bevor der Herr auf Erden im Fleisch unter uns erschien.

Knippeldollinger. Macht an die zweitausend Jahre! Sollte man's glauben, daß es Leute gibt, die solche Bücher so lange aufheben? Es ist doch kein Gold! Denkt nur an all die Feuersbrünste und Überschwemmungen, an Pestilenz und Seuchen! Sieh, sieh!

Caspar Bernauer. Es gab immer gelehrte Männer!

Knippeldollinger. Freilich, freilich! Was gab's nicht! Wenn man das so erwägt, Gevatter, und gehörig bedenkt – Ja, ja! Nicht wahr? Sagt selbst!

Caspar Bernauer. Ich weiß nicht, was Ihr meint!

Knippeldollinger. Ho, ho! Besser, als ich! Damit kommt Ihr mir nicht durch. Nun, wie Ihr wollt! Wo bleibt denn mein Patchen? Die Muhme wird schon warten!

Caspar Bernauer. Ja, die hatte Grillen! *(Zu Theobald.)* Spring einmal zu ihr hinauf! Bring gleich das Besteck mit! Wir werden's brauchen.

Theobald *(ab).*

Knippeldollinger. Ihr geht nicht auch? Wir könnten zusammenrücken!

Caspar Bernauer. Mich kümmern bei einem Turnier nur die Beulen und Wunden, und die krieg ich hier schon zu sehen, denn man trägt mir die Krüppel her!

Knippeldollinger. Aber der Herzog, der Herzog von Bayern –

Caspar Bernauer. Mich lüstet nicht nach seiner Bekanntschaft, und ich will ihm wünschen, daß er auch die meinige nicht suchen muß, denn dazu führt nur ein Rippenbruch! Heut abend ist das was anders.

Knippeldollinger. Denkt Euch, hinter der alten Klostermauer, wo mein Vetter wohnt, hat man letzte Nacht einen Toten gefunden!

Caspar Bernauer. Da ist viel zu wundern! Kommen jemals Reichsknechte nach Augsburg, ohne daß es etwas gibt?

Knippeldollinger. Wohl! Aber dieser ist so entstellt, daß man ihn gar nicht mehr erkennen kann!

Caspar Bernauer. So soll man drei Tropfen seines Blutes nehmen und sie um Mitternacht, mit einem gewissen Liquor vermischt, auf eine glühende Eibenkohle träufeln. Dann wird der Verstorbene im Dampf erscheinen, wie er leibte und lebte, aber in durchsichtiger Gestalt, gleich einer Wasserblase, mit einem dunkelroten Punkt in der Mitte, der das Herz vorstellt.

Knippeldollinger. Ei! Ei! Habt Ihr den Liquor?

Caspar Bernauer. Wenn Ihr ihn hättet, so ließet Ihr's durch den Ratsweibel ausrufen!

ZEHNTE SZENE

Agnes *(kommt im Putz. Theobald folgt)*.

Knippeldollinger. Sieh da! *(Faßt ihre Hand.)* Nun bekomm ich sie doch?

Caspar Bernauer *(zu Agnes)*. Soll ich dir jetzt mit dem Korkstöpsel ein neues Gesicht machen, wie zum Schönbartlaufen, da du das alte nicht gern mehr herumträgst?

Agnes. Kommt, Gevatter!

Knippeldollinger *(führt sie ab, in der Tür)*. Wißt Ihr, daß der Syndikus sich wieder verheiratet? Er ist zehn Jahr älter, wie ich!

Caspar Bernauer. Ihr irrt, nur fünf! Viel Vergnügen! Wenig Rippenstöße!

Knippeldollinger *(mit Agnes ab)*.

ELFTE SZENE

Caspar Bernauer. Alter schützt vor Torheit nicht! Nun, Caspar, nicht hochmütig, du hast wohl auch deinen

Sparren! *(Zu Theobald.)* Geh nur auch, aber sei zur rechten Zeit wieder da! Du siehst's ja schon! Wenn sie einen forttragen!

Theobald *(ab)*.

ZWÖLFTE SZENE

Caspar Bernauer *(nimmt das Buch wieder)*. Ich will's noch einmal versuchen! Ich schäm mich doch, es so wiederzubringen! Wahrhaftig, mich ärgert der babylonische Turmbau weit mehr, als der Sündenfall, denn ohne den sprächen wir mit unserer *einen* Zunge doch auch nur *eine* Sprache, und verständen uns nicht bloß, wenn wir schreien. Das hat mich schon in meiner Jugend verdrossen. Wie gern wär' ich als Geselle in die weite Welt gegangen, ob ich das Einhorntier, den Vogel Phönix, die Menschen, die auf Bäumen wachsen, irgendwo zu sehen bekäme, oder gar in der Türkei, wo sie doch gewiß viele unschuldig hängen, ein Alräunchen erwischte! Aber dann dacht' ich immer: du verstehst die Leute ja nicht und sie dich auch nicht! und blieb daheim! *(Ab.)*

Herberge.

DREIZEHNTE SZENE

Herzog Albrecht, Freiherr von Törring, Nothhafft von Wernberg und Ritter Frauenhoven, vom Turnier kommend, nebst Knappen und Dienern. Bürgermeister Nördlinger.

Albrecht. Ich danke jetzt, Herr Bürgermeister, ich danke für das Geleite!

Bürgermeister. Gestrenger Herr, ich kenne meine Pflicht! *(Ruft.)* Wein her!

Nothhafft von Wernberg *(zum Herzog)*. Ihr könnt ihn nicht vor dem Trunk verabschieden.

Albrecht. Frauenhoven!

Frauenhoven. Was ist's?

Albrecht. Hast du das Mädchen gesehen – Aber, du mußt ja, du mußt ja!

Frauenhoven. Welche denn?

Albrecht. Welche! Ich bitte dich, geh, ihr nach! Vom Pferd hätt' ich mich geworfen und wäre ihr gefolgt, wenn nicht *(er zeigt auf den Bürgermeister)* der da – –

Bürgermeister *(mit einem Pokal).* Gestrenger Herr, die reichsfreie Stadt Augsburg heißt Euch nach ruhmvoll bestandenem Turnier in Eurer Herberge willkommen, und dankt Euch, daß Ihr ihre Patrizier einer Lanze gewürdigt habt.

Albrecht *(trinkt).* Sie lebe hoch, denn sie verdient's! Ha, wo solch ein wunderbares Licht der Schönheit leuchtet – *(streift sich mit der Hand über die Stirn)* ja, sie verdient's! *(Wendet sich.)* Frauenhoven, du bist noch da?

Frauenhoven. Aber –

Bürgermeister. Verhoffe demnach – –

Albrecht. Heute abend auf dem Tanzhaus – das versteht sich! Nichts kann mich zurückhalten, vorausgesetzt, daß auch sie – – Verzeiht, ich bin ganz verwirrt! Ein Bote von meinem Vater –

Bürgermeister. Ich hatte die Einladung nach Amtspflicht zu wiederholen, muß jedoch als Patrizier bemerken: es ist nicht bloß Geschlechter-Tanz. Auch die Zünfte kommen!

Albrecht. Ich wollte, die ganze Stadt wäre da!

Bürgermeister. Empfehle mich zu Gnaden! *(Ab.)*

VIERZEHNTE SZENE

Albrecht *(zu Frauenhoven).* Und nun, du lieber, lieber Herzensfreund, schnell, schnell! Oder besser: ihr alle! Du die eine Straße hinunter, du die andere, du die dritte!

Frauenhoven. Ihr gabt mir heut morgen den Auftrag, dem Werdenberg nachzureiten! Er hat Euch Eure Braut, die Gräfin von Württemberg, entführt, wißt Ihr's noch?

Albrecht. Nenne sie nicht mehr!

Nothhafft von Wernberg. Ja, und ich sollte dem Württemberger die Schlüssel von Göppingen abfordern, weil die Heirat durch die Flucht seiner Tochter unmöglich geworden sei, und also das Reugeld herausgezahlt werden müsse!

Törring. Und ich sollte nach München zu Hof und Eurem Vater beides melden!

Albrecht. Das ist vorbei, das ist, als ob's nie gewesen wäre! Ich jauchze, daß Elisabeth eine Kette zerbrochen hat, die ich sonst selbst zerbrochen haben würde. Ich will nicht einen Dachziegel von Göppingen oder einen Pfenning zur Auslösung, denn ich könnte mir das Leben, das Atemholen, ebensogut bezahlen lassen, wie meine neue Freiheit, und was meinen Vater betrifft, so steht mir seit lange eine Bitte an ihn zu, und das soll die sein: daß er es ganz so verhalten möge, wie ich!

Törring. Dieser Wechsel ist rasch!

Nothhafft von Wernberg. Und kostet Bayern fünfundzwanzigtausend Gulden!

Albrecht. Ich kenn euch nicht mehr! Knapp', schäl mich ab, ich will selbst fort, und in diesem Aufzug schlepp ich einen Schweif von Hunderten hinter mir her.

Ein Knappe *(entkleidet den Herzog des Panzerhemdes usw.).*

Albrecht. Da liegt der Herzog! – Habt ihr Augen? *(Schnallt sein Schwert ab.)* Und da der Ritter! Blumen her, daß ich sie vor ihr ausstreuen kann, wo ich sie finde! *(Setzt ein Barett auf.)* Wird mich nun noch jemand erkennen?

Törring. Ohne Schwert? Jeder wird sich zu täuschen glauben!

Albrecht *(indem er abgeht).* Freunde, habt Geduld mit mir! *(Ab.)*

Törring. Begreift ihr das?

Nothhafft von Wernberg. Herzog Ernst wird Augen machen! Der besinnt sich etwas länger, wenn sich's um den Verlust von fünfundzwanzigtausend Gulden handelt.

Frauenhoven. Brüder, richten wir nicht, daß wir nicht gerichtet werden! Das haben wir alle entweder hinter uns oder vor uns. Wenn ihr's noch nicht wißt, so seht ihr's jetzt, warum unsre Altvordern für das Weib den Namen Mannrausch erfanden! Doch diesen Rausch vertreibt man durchs Trinken, wie den andern durch Enthaltsamkeit; je tiefer der Zug, je rascher die Nüchternheit! Darum müssen wir ihm beistehen!

Nothhafft von Wernberg. Aber die absonderlichen Reden wollen wir uns merken, wir können sie einmal wieder ausspielen, sei's auch nur, um uns selbst unsrer

Haut gegen ihn zu wehren. »Habt ihr Augen? – Blumen her! – Ich kenn euch nicht mehr!« Damit belad ich meinen Esel. Sammelt ihr auf, was heut abend abfällt, denn ohne Zweifel trifft der neue Adam seine Eva beim Tanz. Vielleicht ist's der Engel von Augsburg!
Törring. Der Engel von Augsburg?
Nothhafft von Wernberg. So nennt man hier eine Baderstochter, Agnes Bernauer, deren Schönheit die halbe Stadt verrückt machen soll. Wollen wir die Bude ihres Vaters einmal aufsuchen? Wir können uns die Bärte stutzen lassen, und wer weiß, ob wir das Wunder bei dieser Gelegenheit nicht zu sehen bekommen.
Frauenhoven. Topp!

(Alle ab.)

*Großer Saal im Tanzhause der Stadt.
Festlich geschmückt mit den Panieren der Zünfte und den Wappen der Geschlechter. Abend. Die Gäste versammeln sich rasch, die Zunftmeister empfangen.*

FÜNFZEHNTE SZENE

Bürgermeister Hermann Nördlinger kommt mit Nothhafft von Wernberg.

Bürgermeister. Ja, Herr Ritter, so läuft nun alles seit jenem unseligen Katharinen-Abend, wo wir den Pöbel mit in den Rat aufnehmen mußten, bei uns durcheinander! Perlen und Erbsen in *einem* Sack, der Herzog wird das Ausklauben mühsam finden, mich wundert, daß er kommt!
Nothhafft von Wernberg. Ihr habt Euch noch immer nicht gewöhnt? Es ist doch schon lange her.
Bürgermeister. Noch nicht lange genug, daß die Hoffnung auf die Rückkehr der guten alten Zeit schon ganz erstickt sein sollte. Seht den Dicken da, das ist der Zunftmeister der Bäcker, der macht die Ehre der Stadt. Seht doch hin! Wenn er dem ankommenden Gast, den er zu begrüßen hat, nicht mit seinem Stierkopf den Brustkasten einstößt, so zerschmettert er einem schon anwesenden ganz sicher durch den Kratzfuß das Schienbein! Was

sagt Ihr? Ist's nicht, als wenn ein Pferd ausschlüge? Und das sollte man gewöhnen!

Nothafft von Wernberg. Ihr hättet Euch besser wehren sollen!

Bürgermeister. Wir wurden überrumpelt! Kaiser und Reich hätten uns besser beistehen sollen! Was nötigte die Majestät, den vermaledeiten Zunftbrief, der uns abgezwungen wurde, hinterher mit Ihrem Siegel zu versehen? Wir hatten genug zu tun, daß wir uns nur nicht selbst unter die Metzger und Handschuhmacher aufnehmen lassen und unsere alten Namen mit neuen vertauschen mußten. Denn das wurde verlangt.

SECHZEHNTE SZENE

Frauenhoven und Törring kommen.

Frauenhoven. Da steht der Bürgermeister, der kann es uns sagen! *(Tritt zum Bürgermeister heran.)* Ist es wahr, wie man im Reich erzählt, daß der Boden von Augsburg keine Ratten duldet?

Bürgermeister. Gewiß ist es wahr, man trifft dies Ungeziefer nimmer! Das war schon so zu den Zeiten des Drusus.

Törring. Kurios!

SIEBZEHNTE SZENE

Trompeten.

Bürgermeister. Seine Gnaden der Herzog! *(Eilt zum Eingang und begrüßt den eintretenden Herzog Albrecht.)*

Albrecht *(tritt zu Frauenhoven, Törring und Nothhafft von Wernberg heran).* Da seid ihr!

Frauenhoven. Wir haben den ganzen Nachmittag gesucht –

Albrecht. Und gefunden –

Nothafft von Wernberg. Eben jetzt!

Albrecht. Mich, meinst du! Oh, köstlicher Fund! Ich bedanke mich!

Frauenhoven. Ich strich allein und –

Albrecht. Es ging dir besser, wie mir? Du entdecktest ihre Spur!

Frauenhoven. Ja!
Albrecht. Warum treff ich dich erst jetzt!
Frauenhoven. Dies Mädchen – – Oh! Wohl hattet Ihr recht, uns zu fragen, ob wir Augen hätten!
Albrecht. Du liebst sie auch?
Frauenhoven. Könnt' ich anders?
Albrecht. Frauenhoven, das ist ein großes Unglück! Ich glaub's dir, daß du nicht anders kannst, es wäre Wahnsinn von mir, wenn ich verlangte, daß du entsagen solltest, hier hört die Lehnspflicht auf. Aber wahrlich, auch die Freundschaft, hier beginnt der Kampf um Leben und Tod, hier fragt sich's, in wessen Adern ein Tropfen Bluts übrigbleiben soll! Du lächelst? Lächle nicht! Wenn du das nicht fühlst, wie ich, so bist du nicht wert, sie anzusehen!
Frauenhoven. Diese pechschwarzen Augen – und wie sie den Hals trägt, recht, um sich daran aufzuhängen – und vor allem diese kastanienbraunen Haare –
Albrecht. Faselst du? Goldne Locken sind's, die sich um ihre Stirn ringeln – demütiger ward nie ein Nacken gesenkt und ihre Augen können nicht schwarz sein! Nein, nein, wie Meeresleuchten traf mich ihr Strahl, wie Meeresleuchten, das plötzlich fremd und wunderbar aus dem sanften blauen Element aufzuckt und ebenso plötzlich wieder erlischt!
Frauenhoven. Gnädiger Herr, ich weiß nichts von ihr, es war ein Scherz, den Ihr dem lustigen Ort, wo wir uns befinden, verzeihen mögt!
Albrecht. So flieh! Flieht alle, daß nicht Ernst daraus wird, fürchterlicher Ernst, denn ich sage euch, die sieht keiner, ohne die höchste Gefahr!

ACHTZEHNTE SZENE

Agnes *(erscheint, von Caspar Bernauer und Knippeldollinger begleitet).*
Albrecht *(ausbrechend).* Da ist sie!
Nothhafft von Wernberg und Frauenhoven *(zugleich).* Wunderschön, das ist wahr!
Törring. Und der Engel von Augsburg, das ist auch wahr! Dort steht ja der Vater!
Albrecht. Kennst du sie?

Törring. Man nennt sie hier allgemein den Engel von Augsburg. Sie ist die Tochter eines Baders, gnädiger Herr! Wir ließen uns vorhin die Bärte bei ihm stutzen. *(Er zeigt auf seinen Bart.)* Seht Ihr? Der Mann ist geschickt, nicht wahr? Es könnte dem Eurigen auch nicht schaden! *(Er tritt auf die Gruppe zu.)* Guten Abend, Meister, da sehen wir uns schon wieder!
Caspar Bernauer. Viel Ehre für mich!
Albrecht *(folgt, zu Agnes).* Jungfrau, warum erteilt Ihr auf den Turnieren nicht den Dank? Was durch Eure Hände geht, ist edler, als Gold, und köstlicher, als Edelstein, wär's auch nur ein grüner Zweig, vom nächsten Busch gebrochen!
Caspar Bernauer. Meine Tochter ist an solche Reden nicht gewöhnt, gnädiger Herr; fragt sie aus den sieben Hauptstücken unseres allerheiligsten Glaubens, und sie wird nicht verstummen!
Agnes. Nicht doch, Vater, der Herzog von Bayern will seine Braut so anreden und macht bei der Bürgerstochter von Augsburg nur die Probe!
Caspar Bernauer. Wohl gesprochen, Agnes, aber zum Antworten hast du keine Vollmacht, darum danke Seiner Fürstlichen Gnaden für die Herablassung und komm!
Albrecht. Warum, störriger Alter? Noch habe ich ja kaum den Ton ihrer Stimme gehört, noch kamen die vierundzwanzig Buchstaben nicht alle über ihre Lippen! *(Abgewandt.)* Ha, ich könnt' sie bitten: sprich dies Wort aus, oder das, oder jenes, nicht des Sinns wegen, nur damit ich erfahre, mit wieviel Musik dein Mund es beschenkt! *(Zu Caspar Bernauer.)* Ihr geht doch? So müßt Ihr mir gestatten, Euch zu begleiten! Euer Schatten weicht eher von Euren Schritten, als ich!
Caspar Bernauer. Euresgleichen würde neidisch werden!
Törring *(faßt Caspar Bernauer unter dem Arm).* Bayerns Herzog hat hier seinesgleichen nicht!
(Er führt ihn ab, Nothhafft von Wernberg gesellt sich zu Knippeldollinger und folgt.)
Albrecht *(zu Agnes, die ebenfalls folgt und sich ihrem Vater zu nähern sucht).* Mädchen, ich täuschte mich nicht, du hast heut morgen nach mir gesehen. Galt der Blick mir oder meinem venezianischen Helmbusch?

Agnes. Ich zitterte für Euch, gnädiger Herr, Ihr schautet zu mir herüber und rittet gegen den Feind, ich dachte, Ihr müßtet Schaden nehmen!

Albrecht. Und das war dir nicht gleichgültig?

(Sie verlieren sich, nebst den andern, im Gewimmel.)

Barbara *(mit Martha und andern Mädchen hervortretend).* Ha, ha, ha! Sagt' ich's euch nicht, daß es besser sei, zu Hause zu bleiben? Nun freut euch, wenn ihr könnt!

Martha. Ei, dies ist ja gut! Wenn der Herzog sie mitnimmt, steht sie uns ebensowenig mehr im Wege, als wenn sie gen Himmel fährt!

Barbara. Mitnimmt! Wo denkt ihr hin! Er wird sie schon hier lassen! Aber sie wird noch im Wert steigen, nun auch er genickt hat! Seht euch nur um, wie alles kuckt und flüstert!

(Gehen vorüber.)

Nothhafft von Wernberg *(kommt mit Knippeldollinger, ihm tritt entgegen:)*

Bürgermeister Nördlinger *(mit einem Fräulein).* Herr Ritter – meine Base, Juliana Peutinger – sie hat des Kaisers Majestät schon als vierjähriges Jungfräulein im Namen des Rats mit einer kleinen lateinischen Rede begrüßt! Ich möchte sie Seiner Gnaden gern aufführen!

Nothhafft von Wernberg *(mit ihm weitergehend).* Nachher, Herr Bürgermeister, nachher! *(Leise.)* Der Herzog ist von den Bürgern so warm empfangen worden, sie haben sich die Kehle fast abgeschrien, Ihr seht, er bezeugt sich dankbar!

(Gehen vorüber.)

Albrecht *(kommt mit Agnes).* Nun sprich auch du! Was sagst du dazu?

Agnes. Mir ist, als hört' ich eine Geige mehr, süß klingt's, auch träumt sich's schön dabei.

Albrecht. Ich frage dich, ob du mich lieben kannst!

Agnes. Das fragt eine Fürstentochter, doch nicht mich!

Albrecht. O sprich!

Agnes. Schont mich, oder fragt mich, wie man ein armes Menschenkind fragt, von dem man glaubt, daß ein ungeheures Unglück es treffen könne!

Albrecht. Dies Wort –

Agnes. Legt's nicht aus, ich bitt Euch, zieht niemanden die Hand weg, wenn er sie über die Brust hält.

Caspar Bernauer *(der mit Törring gefolgt ist und sich Agnes zu nähern sucht).* Morgen, Herr Graf, morgen!

Knippeldollinger *(der mit Nothhafft von Wernberg neben den beiden geht, zu Törring).* Einen, der das Blut besprach, habe ich selbst gekannt.

Albrecht. Agnes, du verkennst mich! Ich liebe dich!

Caspar Bernauer *(tritt zwischen beide).* Komm, mein Kind! Auch du hast Ehre zu verlieren! *(Er will sie abführen.)*

Albrecht *(vertritt ihm den Weg).* Ich liebe sie, aber ich würd's ihr nimmer gesagt haben, wenn ich nicht hinzufügen wollte: ich werb um sie!

Nothhafft von Wernberg. Gnädiger Herr!

Frauenhoven. Albrecht! Kennst du deinen Vater?

Törring. Denkt an Kaiser und Reich! Ihr seid ein Wittelsbach! Es ist nur zur Erinnerung.

Albrecht. Nun, Alter, fürchtest du noch für ihre Ehre?

Caspar Bernauer. Nein, gnädiger Herr, aber – – Vor funfzig Jahren hätte sie bei einem Turnier nicht einmal erscheinen dürfen, ohne gestäupt zu werden, denn damals wurde die Tochter des Mannes, der dem Ritter die Knochen wieder einrenkt und die Wunden heilt, noch zu den Unehrlichen gezählt. Es ist nur zur Erinnerung!

Albrecht. Und nach funfzig Jahren soll jeder Engel, der ihr gleicht, auf Erden einen Thron finden, und hätte ihn einer ins Leben gerufen, der dir noch die Hand küssen muß. Dafür soll mein Beispiel sorgen!

Frauenhoven. Er ist verrückt! *(Zu Albrecht.)* Nur hier nicht weiter, nur heute nicht! Alles wird aufmerksam und auf jeden Fall muß die Sache geheimbleiben!

Albrecht *(zu Caspar Bernauer).* Darf ich morgen kommen?

Caspar Bernauer. Wenn ich auch nein sagte, was hülfe es mir?

Albrecht. Agnes?

Agnes. Wer rief mir doch heute morgen zu: geh ins Kloster? Mir däucht, ich sehe jetzt einen Finger, der mich hineinweist!

Albrecht. Dir schwindelt! Halt dich an mich! Und ob die Welt sich dreht, du wirst fest stehen!

Caspar Bernauer. Gnädiger Herr, wir beurlauben
uns! Die fällt mir sonst um!
(Ab mit Agnes und Knippeldollinger.)
Albrecht. Ich muß – (Will folgen.)
Frauenhoven. Keinen Schritt! Ihretwegen, wenn nicht
deinetwegen.
Albrecht. Du kannst recht haben!
Frauenhoven. Sprich jetzt auch mit anderen! Sprich
mit allen! Und lange, ich bitte dich, lange!
Albrecht. Ich hätte so gerne noch meinen Namen von
ihren Lippen gehört! Doch – wer will denn auch Weihnacht, Ostern und Pfingsten auf einmal feiern! – –
(Er mischt sich unter die übrigen Gäste. Ihm tritt Bürgermeister Nördlinger mit dem Fräulein entgegen.)

ZWEITER AKT

Augsburg.

ERSTE SZENE

Herberge. Früher Morgen.

Nothhafft von Wernberg. Die Sache wird ernst.
Törring. Sehr ernst! Die Linie steht auf zwei Augen –
Frauenhoven. Das doch nicht! Auch Herzog Wilhelm
hat einen Sohn!
Törring. Der schwach und siech ist und kaum vier Jahre
alt. Habt ihr das Jammerbild nie gesehen? Ich weiß, was
ich sage. Die Münchner Linie steht so gut, wie auf zwei
Augen, und wenn es uns nicht gelingt, Albrecht von seinem tollen Vorhaben abzubringen, so zeugt er Kinder, die
nicht einmal den unsrigen ebenbürtig sind! Was wird
dann? Schon jetzt ist Bayern in drei Teile zerrissen, wie
ein Pfannkuchen, um den drei Hungrige sich schlugen,
soll's ganz zugrunde gehen? Und das wird geschehen,
wenn wir dies Unglück nicht verhindern können.
Nothhafft von Wernberg. Das ist wahr! Von
allen Seiten würden sie heranrücken, vergilbte Pfandbriefe auf der Lanzenspitze und vermoderte Verträge auf

der Fahnenstange, und wenn sie sich lange genug gezankt und gerauft hätten, würde nach seiner Weise der Kaiser zugreifen, denn während die Bären sich zerreißen, schnappt der Adler die Beute weg.

Törring. Also laßt uns vorbeugen!

Frauenhoven. Aber wie? Vergeßt nicht, daß er ebensoviel welsches Blut im Leibe hat, als deutsches, und vielleicht noch einige Tropfen mehr! Ich sage euch, wenn ihr's noch nicht wißt, die Mutter ist mächtig in ihm, und wenn ihr ihm nicht neue Augen einsetzen könnt, daß ihm das Schöne häßlich vorkommt und das Häßliche schön, so richtet ihr nichts bei ihm aus. Ihr hättet ihn diese Nacht auf dem Heimgang hören sollen! Und ist es denn nicht auch wahr? Wer kann sich rühmen, einen solchen Engel gesehen zu haben, eh' er nach Augsburg kam?

Törring. Glaubt ihr denn, ich bin der Narr, der das Feuer besprechen will? Das fällt mir nicht ein! Mag's brennen, bis er Asche ist, was kümmert's mich. Aber ich denke, die Nahrung wird diesem Feuer etwas billiger zu kaufen sein, als mit Thronen und Kronen! Zum Teufel, ist denn Albrecht nicht auch so ein Weib wert? Laßt mich nur machen! Ich sage euch, es sind wackre Menschen, vernünftige Leute! Stand der Alte nicht gestern abend da, als ob sich ihm der Erzengel Michael zum Eidam antrüge? Und das Mädchen – schaute sie nicht drein, als ob sie zum Fliegen aufgefordert würde, anstatt zum Tanzen? Gebt nur acht, ich bringe alles ins gleiche! *(Ab.)*

Frauenhoven. Der irrt sich! In Vater und Tochter, wie im Herzog!

Nothhafft von Wernberg. Aber ins Gewissen müssen wir ihm reden!

Frauenhoven. Warum? Um es getan zu haben, nicht wahr, wenn wir dereinst zur Rechenschaft gezogen werden! Borg dir die Posaune des Jüngsten Gerichts und versuch's, ob du Gehör bei ihm findest. Ich bin zufrieden, wenn's nur einstweilen geheimbleibt. Er ist beim faulen Wenzel in Prag aufgezogen worden, und was der bei Geigen- und Flötenklang in ihn hineingesät hat, das bringt Gott selbst nicht wieder heraus!

ZWEITE SZENE

Albrecht *(tritt ein).* Nun, Freunde? Was sagt ihr zu diesem Morgen, der die ganze Welt vergoldet? Nicht wahr, den hätt' man nicht schöner bestellen können? Aber, wie steht ihr denn da? Als ob ihr augenblicklich ins Gefecht solltet und euern Letzten Willen noch überdächtet!

Nothhafft von Wernberg. Da hoff ich anders auszusehen, obgleich ich keinen Vater mehr habe, der mich wieder heraushaut, wenn's zu arg wird, wie Ihr!

Albrecht. Ja, das ist wahr, da hab ich einen Vorzug vor euch. Ich darf dem Tode keck in den Rachen springen, wie die Maus dem Löwen. Noch zwischen Kauen und Schlucken reißt mich der wieder heraus, der mich gemacht hat.

Nothhafft von Wernberg. Das habt Ihr bei Alling erfahren! Wäre er nicht gewesen –

Albrecht. So würde mein erster Kampf auch mein letzter geblieben sein, und ich hätte nie gehört, wie süß die Siegstrompete tönt; was red ich, ich hätte Agnes nie erblickt!

Nothhafft von Wernberg. Agnes!

Albrecht. Oh, ich bin ihm Dank schuldig, unendlichen Dank, mehr Dank, wie irgendein anderer Sohn dem seinigen!

Nothhafft von Wernberg. Fühlt Ihr's?

Albrecht. Erst seit gestern ganz! Dies Auge, das ich jetzt freiwillig schließen möchte, wie den Mund, wenn er seine Kirsche hat – – gebrochen und mit Sand verschüttet würde es ohne ihn ja längst daliegen, ein Spiegel, der zerschlagen ward, bevor er das Bild noch auffangen konnte, das er festhalten sollte, und dies Herz – – die Stunde wird kommen, wo ihr mich verstehen könnt, dann mehr! Seht, wenn euch auch einmal wird, als ob sich Millionen Lippen in euch auftäten, und alle saugen wollten – wenn ihr nicht mehr wißt, ob's Lust oder Schmerz ist, was euch die Seele im Wirbel herumjagt – wenn euch die Brust zerspringen will und ihr, von Frost und Hitze zugleich geschüttelt, zweifelnd ausruft: doch wohl Lust, ja, wohl Lust, Wollust! und dies dunkle Wort, wie ich, nun auf einmal begreift, indem ihr's, schwindelnd zwischen Leben und Tod, mit eurem letzten Atemzug nachschafft – dann – dann! Eher nicht!

Nothhafft von Wernberg. Gnädiger Herr – eine Bitte!

Albrecht. Was ist's?

Nothhafft von Wernberg. Stellt Euch Euren Vater einmal vor!

Albrecht. Nun?

Nothhafft von Wernberg. Aber recht deutlich, mit dem Gesicht, das er hat, wenn er einem einen Wunsch nicht bloß abschlagen, sondern in den Hals zurückjagen will, so daß man ihn, wenn man um Honigbirnen gekommen ist, um Stockprügel anspricht!

Albrecht. Gut!

Nothhafft von Wernberg. Seht Ihr ihn? So fragt Euch, ob Ihr das vom Spiegel und vom Wirbel und von Lust und Schmerz, und von Leben und Tod vor ihm wiederholen möchtet!

Albrecht. Vor ihm? Ja! Ich habe eine Mutter gehabt! Vor euch? Nicht um die Welt!

Nothhafft von Wernberg. Eure Mutter war eine Prinzessin von Mailand!

Albrecht. Und sollte sie meine Mutter nicht auch geworden sein, wenn sie keine Prinzessin von Mailand gewesen wäre? Sie war das Muster eines Weibes – hätte das nicht genügt?

Nothhafft von Wernberg. Ich zweifle! Wenn aber – so würde Euch jetzt nichts mehr hindern, Euch mit dem Engel von Augsburg zu verbinden, denn Ihr würdet Bayerns Thron nie besteigen!

Albrecht. Nicht, Herr Ritter? Wer weiß! Wer weiß, was geschähe, wenn ich mein Volk zum Spruch aufriefe, wenn ich sagte: Seht, ich soll nicht würdig sein, euch zu beherrschen, weil eine eurer Töchter zu sich erhoben hat, eine, die ihm am besten ins Ohr sagen konnte, was euch fehlt! Ich soll nicht würdig sein, euch zu beherrschen, weil die Teilnahme für euch mir von der Mutter her angeboren ist, weil ich euch verstehe, ehe ihr noch den Mund auftut, weil mir's im Blut liegt, euch beizuspringen! Ich soll nicht würdig sein, euch zu beherrschen, weil ich euer Bruder bin! Wer weiß, was sie tun werden, die alten treuen Bavaren, wenn mein Sohn sie dereinst nach Urväter-Weise in einem Eichenhain zusammenruft und so zu ihnen spricht; wer weiß, ob sich dann nicht der letzte Bauer in einen Ritter verwandelt und ob die Sense nicht gegen das Schwert schlägt, daß das ganze deutsche Reich zu wackeln anfängt, und der große Karl zu Aachen in seinem Sarg erschrocken nach der Krone greift!

Nothhafft von Wernberg. Gnädiger Herr, verkennt mich nicht! Nothhafft von Wernberg kann Euch nicht raten, in den Abgrund zu springen, aber er springt nach, wenn Ihr's tut!

Albrecht. Das ist ein Wort! So kommt!

(Alle ab.)

Baderstube.

DRITTE SZENE

Agnes. Hier, mein Vater?

Caspar Bernauer. Hier, meine Tochter, hier erwarten wir ihn, nirgends sonst. Wie ist dir denn zumute? Etwas anders, wie gewöhnlich, wenn du die Augen aufmachst, nicht wahr? Nun ja, das ist natürlich. Die Mädchen zögern gern aus Angst oder Neckerei noch eine Weile vor der Tür, wenn sie auch wirklich schon hinein wollen und wissen, daß der Bräutigam ihnen längst die Arme entgegenstreckt. Du armes Ding hast nun nicht einmal Kranzwindens-Zeit.

Agnes. Also, Euer Entschluß ist gefaßt?

Caspar Bernauer. Es gibt nur *ein* Mittel! Und wenn du nur bereit bist: Für ihn möcht' ich stehen!

Agnes. Ja?

Caspar Bernauer. Ich kenn's, wenn's auch lange her ist, daß ich selbst an dem Fieber litt! Eine treue, redliche Seele! *(Er zieht etwas aus der Tasche.)* Was hab ich da?

Agnes. Mein Kettlein! Aber, das hab ich ja gestern abend gleich wieder weggelegt!

Caspar Bernauer. Kann doch wohl nicht sein, denn Theobald hat's auf der Straße gefunden, als er hinter uns herschritt!

Agnes. Theobald?

Caspar Bernauer. Ja, den hast du ebensowenig gesehen, wie ich! Was sagst du? Der närrische Junge ist uns, solange die Reichsknechte hier sind, jeden Abend heimlich gefolgt, wenn wir das Haus noch verließen, und hat auf uns gewartet, bis wir wieder heimgingen. Nie hat er sich etwas davon merken lassen, und wenn ich's jetzt weiß, so kommt das daher, daß er deine Kette fand! Ist das einer?

Agnes. Es freut mich, daß er so an Euch hängt!

Caspar Bernauer. Nun dächt' ich, es wär' die beste Antwort für den tollköpfigen Herzog, wenn du dem Theobald rasch, noch heute morgen, ja augenblicklich die Hand reichtest! Du bist ihm ja doch den Finderlohn schuldig!

Agnes. Wie?

Caspar Bernauer. Ihr beide trätet ihm dann Hand in Hand entgegen, ich aber stände segnend hinter euch und riefe ihm zu: So war's im Himmel beschlossen, und was Gott zusammengefügt hat, das soll der Mensch nicht scheiden!

Agnes. Vater!

Caspar Bernauer. Fürchte keine Gewalttat! Auch hier stehen wir auf roter Erde, auch in Augsburg ist Westfalen, ja – – doch, wozu das! Nun, Jungfer Tochter, was sagt Ihr? Der Bräutigam ist, wie ich hoffe, bereit und sogar der Priester nicht weit! Sprich, soll's so sein?

Agnes. Nie! In Ewigkeit nicht!

Caspar Bernauer. Das heißt: heute nicht!

Agnes *(glühend)*. Es heißt –

Caspar Bernauer *(unterbricht sie)*. Morgen! Morgen! Morgen!

VIERTE SZENE

Theobald *(tritt hinter einem Schrank hervor)*. Wozu, Meister? Ich kann's auch heute hören!

Caspar Bernauer *(zu Agnes)*. Da siehst du jetzt!

Theobald. Scheltet sie nicht! Ich selbst bin schuld! Ich hätte Euch nicht folgen sollen! Diesmal nicht!

Agnes. Theobald, es tut mir weh!

Theobald. Ich weiß, Jungfer, ich weiß! Und ich fühl's ja auch, daß ich – – Du mein Gott, ich darf ja nicht einmal von Unglück sprechen, Ihr könnt mir ja gar nicht beschieden sein, ich brauche Euch ja nur anzusehen, um das zu erkennen. Meister – darf ich ein wenig fortgehen? In einer Stunde bin ich wieder da, um diese Zeit kommen so nicht viele! *(Er faßt Agnes Hand.)* Agnes, ich wollte, ich könnt' einem andern meine Liebe zu Euch abtreten, nicht um mein Herz zu erleichtern, o Gott, nein, es wäre das größte Opfer, das ich bringen könnte, und ich brächte es nur, um Euch glücklich zu machen, aber glücklich würdet Ihr, das glaubt mir, wenn das, was *(er schlägt sich auf die Brust)* hier glüht, eine bessere Brust schwellte! *(Ab.)*

FÜNFTE SZENE

Caspar Bernauer. Ich glaub's auch!
Agnes. Zürnt mir nicht, Vater! Hätt' ich geahnt –
Caspar Bernauer. Kein Wort mehr davon! Es ist nun, wie's ist! Wer kann gegen die Sterne! Aber mich graust, Agnes, wenn ich an deine Zukunft denke, denn *(er zeigt auf ein Barbierbecken)* so ein Ding und eine Krone – es geht nimmermehr gut!
Agnes. Ihr ließt mich vorhin nicht ausreden! Nicht Theobald, nicht irgendeinem könnt' ich meine Hand reichen –
Caspar Bernauer. Und warum nicht?
Agnes. Weil ich – – Ich dürfte nicht!
Caspar Bernauer. So sitzt er dir schon im Herzen? Verflucht sei dies Turnier!
Agnes. Aber – – Zu der Mutter aller Gnaden könnt' ich mich flüchten – ins Kloster könnt' ich gehen!
Caspar Bernauer. Und deinen Herzog draußen lassen?
Agnes. Nein!
Caspar Bernauer. Was hätt'st du dann im Kloster zu tun?

SECHSTE SZENE

Törring *(tritt ein).* Guten Morgen, Meister! Auch schon da, Jungfer? Die Hand her, wackrer Alter! Ich hab Euch gestern abend liebgewonnen. Schöne Agnes, wäre des Törrings Schädel für die Honigreime und Schmeichelsprüche des Heinrichs von Ofterdingen und Wulframs von Eschenbach nicht immer zu hart gewesen: jetzt gäbe er alles wieder von sich, was er je verschluckt hätte! Aber der hat nichts behalten, als das Eia popeia von der Ammenstube her, darum kann ich Euch nur sagen: Ihr seid's wert, daß Ihr einem Herzog gefallt!

Agnes. Schon das ist zu viel, Herr Graf!

Törring. Bewahre! Wenn Kaiser Wenzels Bademädchen Euch geglichen hat, so will ich's ihm verzeihen, daß er eine Weile glaubte, er sei mit ihr allein auf der Welt. Nur das verzeih ich ihm nicht, daß er's zu weit trieb und sich gar nicht wieder zur Besinnung bringen ließ, denn sie mußt' es büßen, und das hätt' er vorher wissen können! *(Er sieht Agnes scharf an.)* Arme Susanna, junges, schönes Kind, wie bleich magst du gewesen sein, als die starren, grimmigen Böhmen dich verbrannten und von ihren eignen Bischöfen und Erzbischöfen dabei angeführt wurden, als ob's ein heilig Werk wäre! Du warst gewiß keine Zauberin, oder es steht auch hier eine vor mir!

Caspar Bernauer. Das geschah im fröhlichen Lande der Geigen?

Törring. Es sollte mich wundern, wenn man noch keinen Reim darauf gemacht hätte! So etwas singen die Leute gern, wenn sie lustig sind!

Caspar Bernauer. Was sagst du, meine Tochter?

Agnes. Pfui über den Kaiser, daß er's geschehen ließ!

Törring. Er lag im Turm, und sein Adel stand zornig mit blankem Schwert vor der Pforte, er wußte nicht, wer zunächst bei ihm anpochen würde, ob der Henker oder der Befreier!

Agnes. So war's ihr Schicksal, und sie wird schon einmal erfahren, warum.

Törring. Bernauer, ein Wort mit Euch!

Caspar Bernauer. Geh, Agnes, und lege dein Kettlein weg!

Agnes *(ab).*

SIEBENTE SZENE

Caspar Bernauer. Wir sind allein!
Törring. Nun, Alter, was denkt Ihr eigentlich? Sagt an!

2. Akt, 7. Szene

Caspar Bernauer. Ich weiß nicht, was Ihr meint!

Törring. Nun, ich glaube, der Herzog wird heute morgen geradeso aufgestanden sein, wie er sich gestern abend niedergelegt hat.

Caspar Bernauer. Acht Stunden sind allerdings nur acht Stunden!

Törring. Der Meinung bin ich auch, darum müssen wir beizeiten einig werden! Also – *(nimmt ein Rasiermesser, wie spielend)* Euer Schwert, nicht wahr?

Caspar Bernauer. Wie es Euch gefällt!

Törring. Meins ist etwas länger! *(Schlägt an sein Schwert.)* Ja, was ich sagen wollte! Der Herzog liebt Eure Tochter – er liebt sie – wenn jedes Eheweib so geliebt würde, sie hätten den Himmel auf Erden!

Caspar Bernauer. Vor dem Trunk und nach dem Trunk, es ist ein Unterschied und muß auch sein!

Törring. Ihr seid verheiratet gewesen oder noch, und wollt Euch entschuldigen! Ja, ja, das kann ich Euch beteuern, er brennt, wie ein Johannisfeuer, wenn der Wind gut bläst, aber – – *(Nimmt das Barbierbecken.)* Euer Helm?

Caspar Bernauer. Ist man in Bayern so spaßig?

Törring. Nein, nein, es ginge, seht! *(Er macht, als ob er Caspar Bernauer das Becken aufsetzen wollte.)* Habt Ihr das noch nicht versucht? Ich versichre Euch, der Herzog lodert, daß die Kastanien gar werden, wenn er sie nur ansieht, doch was das Werben betrifft, das Heimführen – – *(Er nimmt den Schnepper.)* Dies Ding da, Zick Zack, Trick Track, führt Ihr wohl im Wappen, oder ist's ein nackter Arm mit einer sprudelnden Ader, wie ich's draußen an der Tür gemalt sah?

Caspar Bernauer. Keins von beidem, Herr Graf!

Törring. Nicht? Nun also, kurz weg, wenn's überhaupt noch nötig ist! Die Liebe des Herzogs stammt aus dem Herzen, die Werbung – – nun, das war, Ihr habt's ja selbst gesehen, ein Rausch – – vielleicht sogar, was weiß ich's, ein Weinrausch!

Caspar Bernauer. Das freut mich! Aber, diese Botschaft ist nicht für mich allein! *(Ruft.)* Agnes!

Törring. Freut Euch? Ich hab mich nicht in Euch geirrt, als ich Euch für verständig hielt! Gebt mir noch einmal die Hand!

Caspar Bernauer *(hält seine Hand zurück).* Ihr habt mich schon geadelt!

ACHTE SZENE

Agnes *(tritt ein).*
Törring. Nicht wahr, ein mäßiges Glück, aber gesichert für immer – unter uns – – der Herzog hat schöne Güter von seiner Mutter her!
Caspar Bernauer. Merk wohl auf, mein Kind! *(Zu Törring.)* Nun?
Törring. Ei, da Ihr sie rieft, so sprecht selbst weiter!
Caspar Bernauer. Wohl! *(Zu Agnes.)* Der Herzog nimmt seine Bewerbung zurück!
Törring. Nicht doch!
Caspar Bernauer. Er nimmt seine Bewerbung um deine Hand zurück, die läßt er dir, er ist nicht unverschämt! Das übrige, nun ja, das möcht' er, ich weiß nicht, ob für immer oder auch nur für einige Zeit!
Agnes *(setzt sich nieder).*
Caspar Bernauer *(zeigt auf sie).* Da habt Ihr ihre Antwort! Jetzt die meinige! Zuerst! *(Mit gefaltnen Händen gen Himmel.)* Ich danke Dir, Vater im Himmel, daß es so kam! Schick mir nun, welches Leid Du willst, es kann mich nicht ärger treffen, als dies Glück mit seinem schrecklichen doppelten Gesicht mich traf! *(Zu Törring.)* Ihr seht, wie mir ist, damit erklärt's Euch, daß ich Euch so ruhig anhörte! Ihr wart mir ein Freudenbote, denn daß meine Tochter in keine Schmach willigen würde, wußt' ich, also gab Euer Antrag mir sie wieder, sonst war sie für mich verloren. Nun aber zur Abrechnung! Ihr erkundigtet Euch nach meinem Schwerte, wir Reichsbürger führen wirklich eins, wenn's auch gewöhnlich hinterm Schornstein hängt, und mit dem meinigen habe ich früher manchen Rücken ausgeklopft, der dem Eurigen, das glaubt nur, völlig glich.
Törring. Bernauer!
Agnes *(springt auf und stellt sich neben Caspar).* Recht, Vater, recht!
Caspar Bernauer. Den Helm mit dem bunten Federbusch habt Ihr vor mir voraus, ich begnügte mich immer,

wie wir alle, die wir nicht turnieren, nur streiten, wenn es gilt, unser Hab und Gut zu verteidigen, mit einer simpeln Sturmhaube. Doch auch die genügte zuweilen, aus einer guten Klinge eine noch beßre Säge zu machen, wenn sie sich daran versuchte. Was aber mein Wappen betrifft, so werdet Ihr's schon hie und da früh morgens an Burgtoren gesehen haben, einige aus meiner Familie führen einen Strick und einen Dolch im roten Felde, und sie wissen sich Respekt zu verschaffen, selbst bei Kaiser und Reich.

Törring. Das ist das Zeichen der Feme!

Caspar Bernauer. Kennt Ihr sie? Auch Jungfrauen stehen unter ihrem Schutz, und wenn die Gerechtigkeit ihren Weg auch in diesen betrübten Zeiten, wie ein Maulwurf, unter der Erde suchen muß: sie ist immer zur rechten Stunde da!

Agnes. Ich kann mich selbst schützen, mein Vater! Was mir gestern abend widerfuhr, das raubte mir Sprache und Besinnung; was mir jetzt widerfährt, gibt mir beides wieder! Das eine hätt' ich nicht für möglich gehalten, aber, bei Gott! das andere noch viel weniger! *(Zu Törring.)* Dies sagt dem Herzog von mir!

Caspar Bernauer. Da ist er selbst!

NEUNTE SZENE

Albrecht *(tritt ein).* Ja, da ist er! *(Zu Agnes.)* Ward er erwartet?

Agnes *(wendet sich ab).*

Albrecht. Agnes – wenn auf dem Wege zu dir ein Himmelswagen flammend vor mir niedergefahren wäre, jeder Radnagel ein Stern, ich wäre nicht eingestiegen, und du –

Agnes. Gnädiger Herr – gestern fehlte mir der Mut Euch anzusehen, heute, dächt' ich, sollte er Euch fehlen!

Albrecht. Was hab ich dir denn getan?

Agnes. Nichts? Also das wäre nichts? Gnädiger Herr, so viel Ehre könnt Ihr mir gar nicht bieten, und wenn Ihr mir die Krone aufsetztet, daß sie diese Schmach wiederaufwöge!

Albrecht. Schmach?

Agnes. Wär's keine? Wär' das an mir keine Schmach, was, einem Fräulein zugefügt, die Klingen aller ihrer Ver-

wandten, bis zum zehnten Glied herab, aus der Scheid
reißen und gegen Euch kehren würde? Gnädiger Herr
auch mich hat Gott gemacht!

Albrecht. Törring! Ihr da? Was heißt das?

Agnes. Auch mich hat Gott gemacht, auch aus mir kann
er mehr machen, wenn es sein heiliger Wille ist, auch au
Euch weniger, denn alles auf Erden ist nur zur Probe
und Hoch und Niedrig müssen einmal wechseln, wenn si
nicht vor ihm bestehen! Gnädiger Herr, tut keinem wie
der so weh, wie mir, man erwartet's nicht von Euch
darum ist's doppelt bitter! *(Zu Caspar Bernauer.)* Mei
Vater, jetzt ins Kloster! Nun nehme ich von der Wel
nichts mehr mit über die Schwelle, als einen ewige
Schauder!

Albrecht. Mädchen, gestern warb ich um dich, heut
komm ich um die Antwort, während meine Freunde scho
den Priester suchen, der uns verbinden soll: ist da
Schmach?

Törring *(tritt vor)*. Der Herzog weiß von nichts, au
Ritterwort, ich sprach nur aus mir selbst! Ich glaubte –
nun, Irren soll menschlich sein!

Albrecht. Du beschimpftest sie? Du beschimpftest meine
Braut? Dafür – *(Er will ziehen.)*

Törring. Nein! Dafür – *(Er tritt zu Agnes heran und
küßt ihr ritterlich die Hand.)* Ihr wißt, ich bin nicht feig
aber es wäre nicht wohlgetan, die Zahl ihrer Freunde zu
mindern, und nun ich sie kenne, bin ich ihr Freund, ja, ich
werde ihr dienen bis zum letzten Atemzug, und mir is
glaubt's mir und denkt darüber nach, als faßte der Tod
mich schon jetzt bei der Hand! *(Zu Agnes.)* Das sprach
ein Edler von Bayern, der nicht der Geringste ist, und
nennt mich einen ehrvergessenen Mann, wenn Euch nur
etwas widerfährt, solange ich's hindern kann. *(Zu Albrecht.)* Ihr aber, gnädiger Herr, grollt nicht länger, daß
ich ihr den Schleier etwas unsanft abnahm, es gereich
Euch, wie ihr, zum Vorteil, daß ich ihr ins Gesicht sah
(Tritt zurück.)

Albrecht. Sie schweigt! Das Vergeben ist an ihr, nicht
an mir! Folgt mir! Wenn sie sieht, wie ich sie räche, wird
sie wissen, wie ich sie liebe!

Agnes. Um Gott nicht! Nur von Euch war's mir, wie
Todesstich! Jetzt – jetzt – Vater!

2. Akt, 9. Szene

Caspar Bernauer. Ihre harten Worte tun ihr leid, gnädiger Herr, sie hätte sie gern zurück, Ihr seht's wohl, sie erstickt ja fast!

Albrecht. Und nicht um die Welt möcht' ich sie missen! Alter, zwei Kinder sind ausgewechselt worden, die Tochter des Kaisers wurde in deine Wiege gelegt, und der Kaiser zieht die deinige auf! Schau hin, erkennst du sie noch? Agnes, davon hat dir in früher Jugendzeit schon ein Märchen erzählt, doch damals ahntest du's noch nicht, daß du über deine eigne Geschichte weintest, erst in dieser Stunde hast du dich wieder auf dich selbst besonnen! Aber nun weißt du endlich, wer du bist, das zeigt die edle Glut, die dir aus dem Auge blitzt und von der Wange flammt, nun denkst du nicht mehr daran, daß du bisher nicht im Purpur gingst und nicht aus goldenem Becher trankst; so komm denn auch zu mir herüber, eh' dir das wieder einfällt!

Caspar Bernauer. Agnes!

Agnes. Vater, kein Wort von Gefahr! Erinnert mich nicht, daß Mut dazu gehört! Sonst könnt' ich – –

Albrecht *(breitet die Arme gegen sie aus).* Was? Was?

Agnes *(sinkt hinein).* Und müßt' ich's mit dem Tode bezahlen – das täte nichts!

Albrecht *(umschließt sie).* Agnes!

Agnes *(macht sich wieder los).* Aber dazu berechtigt mich kein Mut! – Ihr seid ein Fürst –

Albrecht. Und darf als solcher von vorn anfangen, so gut wie irgendeiner meiner Vorgänger!

Agnes. Ihr habt einen Vater –

Albrecht. Und bin sein Sohn, nicht sein Knecht!

Agnes. Und wenn Euer Volk murrt?

Albrecht. So murrt es, bis es wieder jubelt. Ja, wenn sie sich zusammenrotteten und sich offen wider mich empörten: ich schickte dein Bild, statt eines Heers, und sie kehrten schamrot zum Pfluge zurück!

Agnes. Und wenn Euer Vater flucht?

Albrecht. So segnet Gott!

Agnes. Und wenn er das Schwert zieht?

Albrecht. So gibt er mir das Recht, auch nach dem meinigen zu greifen!

Agnes. Und dabei sollten wir – dabei könntet Ihr glücklich sein?

Albrecht. Viel glücklicher, als wenn ich dir entsagen müßte! Das eine wär' Kampf, und zum Kampf gehört's, daß man den Ausgang nicht vorher weiß; das andere wäre Tod, Tod ohne Wunde und Ehre, feiger Erstickungstod durch eigne Hand, und den sollt' ich wählen? Nach der Kehle greifen, statt nach dem Schwert? O pfui! Da wär ich doch gewiß der Erste und der Letzte! Mädchen, ich kenne jetzt dein Herz, her zu mir, *(er drückt sie an sich)* so, nun hast du alles getan, das übrige ist meine Sache! Worauf sollte Gott die Welt gebaut haben, wenn nicht auf das Gefühl, was mich zu dir zieht und dich zu mir? Die Württembergerin, die man zwischen dich und mich gestellt hatte, würde in diesem Augenblick tot umfallen, wenn sie nicht geflohen wäre! Das fühl ich! Darum zittre nicht!

ZEHNTE SZENE

Frauenhoven und Nothhafft von Wernberg *(treten ein).*
Albrecht. Ist alles bereit?
Frauenhoven. Ein Priester ist gefunden, der's mit dem jungen Herzog gegen den alten wagen will!
Nothhafft von Wernberg. Aber nur unter der Bedingung, daß es so lange als möglich Geheimnis bleibt!
Albrecht. Was sagst du dazu, Agnes?
Agnes. So lange nur Gott es weiß, wird keine meiner Ahnungen in Erfüllung gehen!
Albrecht. Also! Wo und wann?
Frauenhoven. Heut abend, Schlag zehn, in der Kapelle der heiligen Maria Magdalena. Aber wir müssen alle vermummt kommen, wie zum Totendienst!
Albrecht. Gut! Und morgen nach Vohburg! Agnes, das ist ein rotes Schloß an der grünen Donau, womit meine Mutter – sie ruhe sanft und stehe fröhlich auf – mich für meine erste Schlacht belohnte! Gib acht, dort wirst du über dich selbst lachen, sooft du an diesen Morgen zurückdenkst, da gibt's mehr Lerchen, wie anderswo Spatzen, und in jedem Baum fast sitzt eine Nachtigall. Ich schenk es dir zum Leibgeding, nimm den lustigen Vogelkäfig unbesehens an, ich bitte dich, er wird dir gefallen,

der Himmel schaut immer blau auf ihn herab, und wenn du dich über eine Gabe, die du noch nicht kennst, auf alle Gefahr hin dankbar bezeigen willst, so nenne mich zum ersten Mal du!

Agnes. Mein Albrecht!

Albrecht *(sie in den Armen haltend).* Du weinst dabei?

Agnes. Sollte es nicht nachbrennen? Euch – – dir konnt' ich – – Aber es schmerzte mich mehr um deinet-, als um meinetwillen, mir war, als wäre der funkelndste Stern über meinem Haupt auf einmal aus seiner Bahn gewichen, und ich hätte ihn in der Schaudergestalt, in der man sie hier unten zuweilen verlöschen sieht, zu meinen Füßen wieder getroffen! Nun ist mir dafür zumut', als hätt' ich schon jetzt mehr vom Leben, als mir gebührt! – Mein Vater!

Caspar Bernauer *(tritt hervor).* Sie sollen Vater und Mutter verlassen und aneinanderhangen! Mein Kind, ich muß dich segnen, du tust nach Gottes Gebot! So sei er mit dir! *(Er legt ihr die Hände aufs Haupt.)*

Albrecht. Auch mich!

Caspar Bernauer. Ihr fürchtet, daß Ihr sonst nicht dazu kommt! *(Er legt auch ihm die Hände aufs Haupt.)*

DRITTER AKT

München.

ERSTE SZENE

Das Herzogliche Kabinett. Man sieht an der einen Wand zwei Karten. Die andern Wände sind mit Bildern bayerischer Fürsten behängt.

Ernst *(steht vor den Karten).* Ich kann's nicht lassen, und es ärgert mich doch immer wieder von neuem. Das war Bayern einst, und das ist Bayern jetzt! Wie Vollmond und Neumond hängen sie da nebeneinander! Und wenn noch ein halbes Jahrtausend dazwischenläge! Aber wie mancher alte Mann muß noch leben, der der Zeit noch recht gut gedenkt, wo Tirol und Brandenburg und das fette Holland, und was nicht noch sonst, unser war, ja, der obendrein auch die ganze Reihe von Torheiten aufzählen kann, durch die das alles verlorenging! *(Er tritt vor die Bilder.)* Nein, wie ihr gewirtschaftet habt! Vierundzwanzig Stunden vorm Jüngsten Tag wär's noch zu arg gewesen! Und ihr hattet das kluge Vorbild im benachbarten Österreich so nah! Rudolph von Habsburg hätte ein Sandkorn durch geschicktes Wenden und Drehen und unablässiges Umkehren auf klebrigem Boden zum Erdball aufgeschwemmt, ihr den Erdball zum magersten Sandkorn heruntergeteilt! *(Er geht weiter.)* Kaiser Ludwig, wackrer Kämpfer, der du jeden Feind bestandst, ausgenommen den letzten, heimlichen ohne Namen und Gesicht, du blickst finster auf deinen Enkel herab. Ich versteh dich, und du hast recht, das Schelten ist für die Weiber, das Bessermachen für die Männer. Nun, ich stückle und flicke ja auch schon ein Leben lang, ob ich nicht wenigstens den alten Kurfürsten-Mantel wieder zusammenbringe, und ich denke, du sollst mir die Hand geben, wenn wir uns einmal sehen. Du hättest mir gewiß die Arbeit erspart, wenn der Giftmischer sich nicht mit Wein und Brot gegen dich verschworen und dich vor der Zeit ausgetan hätte! Aber deine Söhne – Nun! Sie sind tot!

ZWEITE SZENE

S t a c h u s *(tritt ein).*
E r n s t. Was gibt's?
S t a c h u s. Der Meister aus Köln ist da, der geschickte Mann mit dem wunderlichen Namen. Er sagt, er sei bestellt.
E r n s t. Er hat was bei sich! Das bring mir!
S t a c h u s *(ab).*

DRITTE SZENE

E r n s t. Der Zierat für die Totenkapelle, wo die jetzt in Staub zerfällt, die mir mit Schmerzen meinen Sohn gebar!

VIERTE SZENE

Stachus *(bringt einen Bogen)*.
Ernst *(nachdem er ihn betrachtet hat)*. Das ist mir viel zu kraus! Komm mal her! Bringst du heraus, was es bedeuten soll?
Stachus. Ach, Herr, ich bin ein gar einfältiger Mensch!
Ernst. Tut nichts, du gehörst auch mit dazu, Gräber sollen stillschweigen, oder so reden, daß auch der Geringste sie versteht! Genauso soll er's machen, wie ich's ihm angab: den Heiland, unsern allbarmherzigen Erlöser, mit ausgebreiteten Armen, die Abgeschiedene zu seinen Füßen, wie man die heilige Martha malt, aber mit verhülltem Gesicht, da doch niemand wissen kann, wie sie jetzt aussieht, und ganz unten ich und mein Sohn Albrecht, wie wir für ihre arme Seele beten! Das sag ihm, dies da kann er auf sein eignes Grab setzen, ich bedank mich dafür, ich hätt' mir aus der Kölner Bauhütte etwas andres erwartet, das ist die Reisekosten nicht wert!
Stachus *(mit dem Bogen ab)*.

FÜNFTE SZENE

Ernst. Die hätten schön zu deinem demütigen, frommen Sinn gepaßt, du stille Elisabeth, all diese Engel mit Flügeln und Trompeten, die blasen, als ob die Himmelskönigin zum zweiten Mal ihre Auferstehung feierte! Und ich hatt' ihm alles so deutlich angegeben! Aber, das muß immer scharwenzeln, immer, es wär' kein Wunder, wenn man's am Ende gar vergäße, daß man von der Erde genommen ist und wieder zur Erde werden soll, und es scheint doch vielen zu gefallen, sonst würden's diese Leute ja wohl nicht bei jedermann versuchen!

SECHSTE SZENE

Der Kanzler Preising *(tritt ein)*.
Ernst. Schon da, Preising? Gut! Wißt Ihr was? Wir wollen von heut an immer eine Stunde früher anfangen! Niemand weiß, ob er nicht Feierabend machen muß, ehe er

müde ist! Wieviel hatte die Herzogin noch vor, nun liegt sie da! Was bringt Ihr?

Preising. Zuvörderst! Die Klagen über den Wucher der Juden mehren sich!

Ernst. Man soll sich so einrichten, daß man die Juden nicht braucht! Wer nicht von ihnen borgt, wird nicht arm durch sie, und ob sie funfzig vom Hundert nehmen!

Preising. Es ist der Juden selbst wegen, daß ich darauf zurückkomme. In Nürnberg schlägt man sie schon tot, wie die Hunde, und böse Beispiele stecken eher an, als gute!

Ernst. Meine Juden sollen's so treiben, daß sie das Totschlagen nicht verdienen, dann wird's wohl unterbleiben. Ich mische mich in diese Händel nicht hinein. Fragt bei meinem Bruder an, ob er will!

Preising. Das wär' wohl das erste Mal, daß Herzog Wilhelm etwas wollte, was Ew. Gnaden nicht wollen!

Ernst. Ebendarum soll man ihn nie vorbeigehen! Weiter!

Preising. In Sachen des strittigen Kurhuts hat der böhmische Hof endlich –

Ernst. Nichts davon! Das hat Kaiser Rudolph durch seinen doppelten Spruch so verwickelt, daß nur das Schwert noch helfen kann, und das Schwert können wir erst dann ziehen, wenn München, Ingolstadt und Landshut einmal wieder zusammengehen. Dazu ist bis jetzt wenig Hoffnung, denn meine teuren Vettern Ludwig und Heinrich möchten mich freilich gern umarmen, wenn sie mir nur zugleich auch den Rücken kehren könnten. Also weiter! Doch halt, halt, erst dies! Wir sind ja unverhofft zu Geld gekommen, der Württemberger muß das wieder herausgeben, was er bei Erziehung seiner Tochter an Birkenreisern erspart hat, und obendrein schwere Zinsen zahlen. Mit seinen fünfundzwanzig Tausend Gulden können wir allerlei machen!

Preising. Wenn wir sie erst haben, ja!

Ernst. Haltet Ihr den Grafen für keinen ehrlichen Mann?

Preising. Für den ehrlichsten Mann von der Welt!

Ernst. Nun denn! Ein Bettler ist er doch gewiß auch nicht! Wir könnten eine unserer verpfändeten Städte dafür auslösen, und ich weiß schon, wo man sich am billigsten finden lassen wird, weil man unser Geld am nötigsten braucht.

Preising. Das wäre freilich ein Gewinn!

Ernst. Ja, da gäb's doch einen Fleck weniger im Lande,

wo wir unsern Herzogsstab nicht wieder aufheben dürften, wenn er uns einmal aus der Hand glitte. Wir könnten dem Lech aber auch für ewige Zeiten einen Freipaß damit erkaufen, daß er uns von den Augsburgern nicht wieder auf einen Wink des Kaisers versperrt werden kann, wie Anno neunzehn bei den Bischofhändeln!

Preising. Dazu werden die Kaufherren raten!

Ernst. Und Ihr?

Preising. Gnädiger Herr, der Württemberger wird nicht aufknöpfen, ich sag's Euch!

Ernst. Nicht aufknöpfen? Ei! Ei! Hab ich nicht mein Pfand? Sind mir nicht Geiseln gestellt? Was kann er denn einwenden?

Preising. Er legt's übel aus, daß Herzog Albrecht sich gar keine Mühe gab, seine Braut wiederzubekommen, daß er in Augsburg aufs Tanzhaus ging, statt den Entführer verfolgen zu helfen!

Ernst. Was war denn an der noch wiederzubekommen? Sie war ja schon das Weib eines andern, eh' wir hier noch die Flucht erfuhren! Der Württemberger soll sich in acht nehmen! Ich besetz ihm Göppingen, eh' er's denkt, es kommt mir auf einen Ritt noch nicht an!

Preising. Ich sage Euch, und bitt Euch, nicht unwirsch zu werden, über den Sieger von Alling ist nie so viel geredet worden, wie über den Tänzer von Augsburg!

Ernst. Ich weiß, ich weiß, und es verdrießt mich genug! Preising, es ist die Strafe unsrer eignen Jugendsünden, daß wir gegen die unserer Kinder nachsichtig sein müssen. Ihr wißt, was ich auf Andechs verwende, glaubt's mir, man baut niemals Kapellen ohne Grund! Aber es ist schon dafür gesorgt, daß ein Ende wird. Erich von Braunschweig sagte schon vor zwei Jahren zu mir: es ist schade, Ernst, daß du nur den einen Sohn hast und daß der versprochen ist! Dies Wort blieb mir im Kopf hängen, und noch denselben Tag, wo ich die Flucht der Wüttembergerin erfuhr, ließ ich um die Braunschweigerin anhalten! Nun, gestern zur Nacht lief das Jawort ein!

Preising. Und Albrecht? Wird er einverstanden sein?

Ernst. Einverstanden? Wie kommt Ihr mir vor? Darnach hab ich wahrhaftig noch nicht gefragt, das, denk ich, versteht sich von selbst!

Preising. Ihr habt ihm einen Boten geschickt!

Ernst. Einen? Drei, vier hab ich ihm geschickt, mit Ermahnungen und Warnungen, dem letzten hab ich sogar einen Brief mitgegeben!

Preising. Nun, der ist wieder da, er steigt eben vom Pferd!

Ernst. Er hat lange genug gemacht!

Preising. Und ist doch nicht langsam geritten, denn er kommt nicht von Augsburg, sondern von Vohburg, der Herzog hatte die Reichsstadt verlassen, bevor er eintraf!

Ernst. So ist der Handel mit der Dirne vorbei, und ich hätte mir den dummen Brief sparen können!

Preising. Nichtsweniger, als das, er hat die Dirne mitgenommen!

Ernst. Das ist viel! Das würde ich bei Lebzeiten meines Vaters nie gewagt haben! Bringt das der Bote?

Preising. Ja – Und –

Ernst. Was noch? Warum stockt Ihr? Das kenn ich ja gar nicht an Euch!

Preising. Das Gerücht – wissen müßt Ihr's – geht sogar noch weiter, viel weiter!

Ernst. Das Gerücht hat tausend Zungen, und nur mit einer spricht es die Wahrheit; wer will die herausfinden? Aber wie weit geht's denn? Ich bin doch neugierig!

Preising. Man munkelt von einer heimlichen Heirat! Die Dirne hätt's nicht anders getan!

Ernst. Und das könnt Ihr mir mit einem ernsthaften Gesicht sagen? Preising! Bringt das auch der Bote?

Preising. Ich habe ihm augenblicklich das strengste Stillschweigen auferlegt.

Ernst. Nicht doch! Er soll reden! Aber er soll hinzufügen, daß der Dirne ganz Bayern zum Leibgeding verschrieben ist! *(Er lacht.)* Meint Ihr nicht? Auch der Teil, der nicht uns gehört, der solle apart für sie erobert werden! Durch mich, versteht Ihr?

Preising. Und Ihr seid gewiß, daß nichts dahintersteckt? Gar nichts?

Ernst. Preising! *(Er hebt seine drei Finger in die Höhe.)* Das solltet Ihr doch auch können, und ob Ihr auf dem Todbett lägt! So viel Respekt für mein Blut verlang ich! Die Sippschaft der Dirne hat's in Umlauf gesetzt, um ihre Schande zu verbrämen! Das liegt ja auf der Hand! Aber daraus folgt nicht, daß wir ruhig zusehen wollen, bis es im ganzen Reich herum ist, bewahre! Es freut mich jetzt doppelt, daß der Braunschweiger endlich gesprochen hat, nun können wir dem Kot gleich einen Platzregen nachschicken, und wir wollen uns rühren, daß er sich nicht vorher festsetzt! Also! Ihr steigt augenblicklich zu Pferd und meldet's meinem Sohn —

Preising. Wenn er's nun aber doch nicht aufnimmt, wie Ihr denkt?

Ernst. Haltet Euch doch nicht bei Unmöglichkeiten auf! Das sind ja ganz verschiedene Dinge! Er sagt ja; ob gern oder ungern, schnell oder langsam, das kümmert nicht mich und nicht Euch. Es gibt zwar eine Person, der das nicht so gleichgültig sein kann, wie uns beiden, aber auch um die ist mir nicht bange, sie wird's schon durchsetzen, wenn sie nur einmal da ist! In Braunschweig ist ja alles schön, bis auf das Hexenvolk, das sich zu Walpurgis bei Nebel und Nacht auf dem Blocksberg versammelt, und Erichs Anna soll noch mächtig hervorleuchten! Ihr kennt das schnurrige Wort ja wohl, das auf dem letzten Fürstentag über sie umging. Der Burggraf von Nürnberg, der kleine Bucklichte, der immer so twatsche Einfälle hat, sagte, als die Rede auf ihr schlichtes Wesen in Gang und Kleidertracht kam, sie sei ein Licht, das ungeputzt noch heller brenne, als geputzt, und die Jüngeren unter uns schwuren mit großem Lärm, das sei wahr, während wir Älteren lachten. Zum Teufel, die wird's doch mit der Baderin aufnehmen können?

Preising. Gut denn!

Ernst. Weiter entbietet ihn zum Turnier, nach Regensburg, denk ich! Ja, ja, nach Regensburg! Ich bin's denen schuldig! Er soll nicht länger dastehen, wie ein Knabe, dem der eine Vogel davongeflogen ist, und der keinen andern fangen kann, auch soll's die Ritterschaft gleich wissen, daß Welf und Wittelsbach sich endlich einmal wieder küssen wollen, und das will ich feierlich auf dem Turnier verkünden! Es muß so rasch, als möglich, zustande gebracht werden, mein Bruder soll die Ausschreibungen auf der Stelle erlassen, ich will gleich zu ihm, er wird's gern tun, das ist ein Geschäft für ihn. Wißt Ihr, wie's mit seinem Sohne steht? Ich sah ihn lange nicht, sie verstecken ihn vor mir, wie's scheint, als ob sie sich schämten, ich mag kaum nach ihm fragen!

Preising. Besser, wie ich höre, etwas besser, seit das alte Kräuterweib ihn pflegt!
Ernst. Das freut mich, obgleich es wohl nicht viel heißt! Denn mit diesem Knaben spielen alle Gebresten Fangball, ich hätte gar nicht gedacht, daß es so viele Übel gibt, als er schon gehabt hat, es ist ein Elend! Preising, der arme Adolph wird gewiß keine tolle Streiche machen, höchstens den, daß er ins Kloster geht, und daran tut er am Ende sogar recht!
Preising. Oft werden schwache Kinder doch noch starke Männer!
Ernst. Gott geb's, ich wünsch es von Herzen! Aber – was trieb mein Albrecht schon alles, als er vier Jahr' alt war! Da kam kein Bart ungerupft vom Schloß, und kein Fenster blieb ganz, wo er herumhantierte. Freilich, jetzt ist's weit mit ihm gekommen, er hat sein Nest beschmutzt, und das hätt' ich nie gedacht, ich hielt ihn für einen bessern Vogel. Nun, es soll schon wieder rein werden, und später kann ich dafür auch um so mehr von ihm fordern, denn alle zehn Gebote zusammen peitschen den Mann nicht so vorwärts, wie die Jugend-Torheiten, die ihm rechts und links über die Schultern kucken, wenn er den Kopf einmal dreht. Nur darum, glaub ich, läßt Gott, der Herr, sie zu! *(Wendet sich zum Abgehen.)*
Preising. Und wenn – – Gnädiger Herr, in einem solchen Fall ward das Ja gewiß noch niemals schnell gesagt! Wenn er es mir nicht gleich auf den Weg mitgibt: lad ich ihn dann auch zum Turnier?
Ernst. Dann erst recht! Dann will ich ihn vor gesamter Ritterschaft – – Torheit! Zu Pferd, Preising, zu Pferd! *(Rasch ab.)*

Vohburg.

SIEBENTE SZENE

Erkerzimmer. Albrecht tritt mit Agnes ein. Der Kastellan folgt.

Albrecht *(zu Agnes, die einzutreten zaudert).* Nun? *(Zum Kastellan.)* Also dies ist das Zimmer?
Kastellan. Dies ist das Zimmer!

Albrecht. Ein wahrer Lug ins Land!

Kastellan. Ja, von hier aus sieht man die Feinde zuerst, aber auch die Freunde. Das sagte die Hochselige, als sie's zum ersten Mal betrat und geradeso, wie Ew. Gnaden jetzt, aufs Fenster zuging!

Albrecht. Wir hätten früher kommen sollen, nicht wahr, Alter, gleich nach der Ankunft? Denn ich merk's wohl, daß meine Mutter dich ins Vertrauen gezogen hat!

Kastellan. Ei, ich brauch's nicht zu erfahren, warum das fünf Tage später geschieht, als sie erwartete! Ich weiß ohne das, was ich dem Burgwart und dem Kellermeister zu antworten hab, wenn sie die Köpfe noch einmal zusammenstecken sollten, denn Ew. Gnaden stehen jetzt darin, und also auch meine erlauchte Gebieterin Elisabeth von Württemberg, nunmehr von Bayern!

Albrecht. Deine Gebieterin gewiß, wenn auch nicht Elisabeth von Württemberg!

Kastellan. Nicht? Ich meinte doch! Anders freilich hätt' ich's mir vorgestellt! Wenn Fürstinnen im Heiligen Römischen Reich sonst ihren Brautzug hielten, meldete es ein Glockenturm dem andern durch fröhlich Geläut, die Fahnen flogen, die Trompeten schmetterten und bunte Herolde sprengten hin und her! Davon hat man diesmal nichts gemerkt: nun, Gott segne die Herzogin dieser Lande und die rechtmäßige Gemahlin meines Herrn! *(Ab.)*

ACHTE SZENE

Albrecht. Ein wunderlicher Alter! Ganz wie ein welkes Blatt unter grünem Laub, das der Wind hängenließ!

Agnes. Er erinnert mich an meinen Vater! So wird der einmal aussehen!

Albrecht. Nun sind wir denn hier! Wie trieb er! Soviel ich ihm auch zugute halte, es verdroß mich fast, dies ewige Sich-in-den-Weg-Stellen und Klirren mit dem Schlüsselbund!

Agnes. Und ich schämte mich! Aber es rührte mich doch! Er kann keinen Flecken an seinem Herzog dulden, und er hielt mich für deinen Flecken!

Albrecht. Nun, ihr Wände? Wenn ihr Zungen habt, so braucht sie, damit ich endlich erfahre, warum wir gerade hierher zuerst kommen sollten! Ich glaubte, dieser sei eine Überraschung zugedacht, aber ich sehe ja nichts!

A g n e s. Schön ist es hier! Dies braune Getäfel ist so blank, daß es uns abspiegelt! Das ist gewiß Regensburger Arbeit! Und die bunten Glasfenster mit den vielen, vielen Bildern darin!

A l b r e c h t. Ja, das machen sie jetzt am Rhein, seit sie in Köln den Dom bauen! Lauter Legenden! Man wird heilig, wenn man durch solche Scheiben sieht! Aber ich kann mir doch nicht denken, daß wir hierher gerufen sind, um uns die zu erklären!

A g n e s. Und die Aussicht! Oh!

A l b r e c h t. Das alles ist jetzt dein! Aber freu dich nicht zu sehr! Du mußt auch manches mit in den Kauf nehmen. Zum Exempel den alten krüpplichten Baum da, und dort die Hütte ohne Dach!

A g n e s. Mein Albrecht, du bist so fröhlich, das ist mein größtes Glück!

A l b r e c h t. Oh, ich bin heute ein Maulhänger gegen das, was ich morgen sein werde, und so fort und fort! Ja, Agnes, so ist's! Ein Entzücken ist bei mir immer nur der Herold des anderen, größeren, und jetzt erst weiß ich's, warum wir Menschen unsterblich sind.

A g n e s. Nicht mehr! Ich halt's nicht aus! Die Brust zerspringt mir! *(Sie erblickt den Betschemel.)* Da! Da! *(Sie wirft sich hin und betet.)*

A l b r e c h t *(mit einem Blick nach oben)*. Nun segnest Du! Und ich weiß auch, durch wen!

A g n e s *(steht wieder auf, an dem Betschemel öffnet sich, wo sie kniete, ein geheimes Fach, sie bemerkt es nicht)*.

A l b r e c h t. Jetzt ist meine Mutter nicht mehr im Himmel, sondern wieder auf Erden und hier bei uns, aber ihre Seligkeit ist gleich groß!

A g n e s. Ach, auf mich war sie nicht gefaßt!

A l b r e c h t *(bemerkt das geheime Fach)*. Aber, was ist das?

A g n e s. Perlen und Kleinodien! Oh, welche Pracht!

A l b r e c h t. Ihr Schmuck! Das denk ich wenigstens, denn getragen hat sie ihn wohl nur, eh' ich geboren wurde! Und ein Brief! *(Er nimmt den Brief.)* An dasjenige meiner Kinder, das hier zuerst nach mir betet! *(Reicht ihn Agnes.)* Also an dich! Da ist das Geheimnis! Sieh! sieh! Da hatte dieser Gang doch einen Zweck! Das hätte dir bei der

3. Akt, 8. Szene

Trauung prächtig gestanden! Freilich, wir hatten sie hinter uns, eh' wir kamen! – Nun?

A g n e s *(reicht ihm den Brief).*

A l b r e c h t *(nachdem er ihn gelesen hat).* Wär' ich's gewesen, so hätt' ich dich damit schmücken dürfen, nun sollst du's selbst tun. Das ist auch besser!

A g n e s. Nicht dies, nicht das!

A l b r e c h t. Und was darunterliegt, ist für den, der nicht betete. Das wird nicht so glänzen und funkeln! Gute Mutter, du hast vorausgewußt, wer das sein würde; ich seh dich, wie du den Zeigefinger gegen mich erhebst! *(Zu Agnes.)* Aber nun mach doch! Wie lange soll ich um den letzten Tannenbaum, den sie mir aufrichtete, herumhüpfen, eh' ich ihn plündern darf? Nimm rasch das Deinige weg, daß ich zum Meinigen komm!

A g n e s. Wie sollt' ich!

A l b r e c h t. Du bist ihr freilich keinen Gehorsam schuldig, aber ich, und wahrlich, ich will ihn der Toten am wenigsten weigern. Du wirst mich nicht hindern wollen, ein frommer Sohn zu sein! Also! *(Er nimmt die Perlen und will sie schmücken.)*

A g n e s *(tritt zurück).* Nicht doch! Was bliebe noch für eine Prinzessin!

A l b r e c h t. Willst du trennen, was zusammengehört? Da gäbst du meinem Vater, den du so fürchtest, ein böses Beispiel! Mach's schnell wieder gut, daß er sich nicht darauf berufe! Komm! Gleiches zu Gleichem! *(Er schüttelt die Perlen, daß sie klappern.)* Das heißt hier: Hagel zu Schnee! *(Er hängt sie ihr um.)* Nun mögen sie sich streiten, wer weißer ist!

A g n e s. Schmeichler!

A l b r e c h t. Agnes, hat man's dir schon gesagt, daß der rote Wein, wenn du ihn trinkst, durch den Alabaster deines Halses hindurchleuchtet, als ob man ihn aus einem Kristall in den andern gösse? Aber, was schwatz ich! *(Er nimmt das goldene Diadem.)* Ich habe ja noch ein Paar zu vereinigen! *(Er will es ihr aufsetzen.)*

A g n e s. Es würde mich drücken!

A l b r e c h t. Du hast recht, daß du dich jetzt noch mehr sträubst, wie vorher, denn hier ist die Ebenbürtigkeit noch mehr zweifelhaft! Dies Gold und das *(er deutet auf ihre Locken)*, der Abstand ist zu groß! Dies ist der Sonnen-

strahl, wie er erst durch die Erde hindurchging und an
ihre Millionen Gewächse sein Bestes abgab, dann verdich-
tete sich der grobe Rest zum schweren toten Korn! Das
ist der Sonnenstrahl, der die Erde niemals berührte, er
hätte eine Wunderblume erzeugt, vor der sich selbst Rosen
und Lilien geneigt haben würden, doch er zog es vor, sich
kosend als schimmerndes Netz um dein Haupt zu legen!
(Er setzt ihr das Diadem auf.) Aber nimm's nicht so ge-
nau, wir finden nichts Beßres.

A g n e s. Nur, um zu sehen, wie's ihr gestanden hat!

A l b r e c h t. Das Auge ist so edel, daß es nicht geschmückt
werden kann, noch diesen Ring an den Finger – er ging
lange genug nackt! – noch dieses Armband, und *(er führt
sie ritterlich vor)* die Kaiserin ist fertig! Denn, das ahntest
du nicht, eine Kaiserin wollt' ich machen, und sie steht da,
setz dich auf den ersten Thron der Welt, und in tausend
Jahren wird nicht kommen, die sagen darf: erhebe dich!
Nun will ich aber auch mein Teil sehen! *(Er nimmt eine
Menge welker Blumen usw. aus dem Fach.)* Welke Blumen
und Blätter, die fast zerstäuben, wenn man sie anrührt?
Was mag sich so ankündigen? Heraus! *(Er erblickt einen
Totenkopf und erhebt ihn.)* Ah, du bist's, stummer Pre-
diger? Du redest noch besser, wie Salomo, aber mir sagst
du nichts Neues; wer, wie ich, auf Schlachtfeldern auf-
wuchs, der weiß es auch ohne dich, daß er sterben muß!
Doch erst will ich leben! Im Himmel gibt's Halbselige, sie
blicken nach der Erde zurück, und wissen nicht, warum!
Ich weiß es, sie haben ihren Kelch nicht geleert, sie haben
nicht geliebt! Ja, Agnes –

NEUNTE SZENE

D e r K a s t e l l a n *(tritt ein).*

A l b r e c h t *(zum Kastellan).* Halt! Noch kein Wort, und
ob die Welt unterginge! Ja, Agnes, wenn ich bei Gott aufhören soll, muß ich bei *dir* anfangen, es gibt für mich keinen anderen Weg zu ihm! Geht es dir nicht auch so?

A g n e s. Und käme jetzt der Tod, ich dürfte nicht mehr
sagen: Du kommst zu früh!

A l b r e c h t *(preßt sie an sich).* All unsre Wollust mündet
in Gott, was unsre enge Brust nicht faßt, das flutet in die

seinige hinüber, er ist nur glücklich, wenn wir selig sind, soll er nicht glücklich sein? *(Er küßt sie.)* Und zuweilen stößt er die Welle zurück, dann überströmt sie den Menschen, und er ist auf einmal dahin, wandelt im Paradiese und spürt keine Veränderung! Wenn das jetzt käme!
A g n e s. Nicht weiter, nicht weiter!
A l b r e c h t *(läßt sie los)*. Das war eine Stunde! Nun komme die zweite! – Was gibt's?
K a s t e l l a n. Botschaft von Eurem Herrn Vater! Ritter Preising!
A l b r e c h t. Hierher!

(Kastellan ab.)

A g n e s *(will gehen)*.
A l b r e c h t. Nein! So ist's nicht gemeint, daß ich dich verleugnen will! Bleib! Wie der dich ansieht, sieht mein Vater dich auch an. Da wissen wir gleich, wie's steht!
A g n e s. Laß mich, mein Albrecht! Es treibt mich fort! Dies *(sie deutet auf das Diadem)* wäre Herausforderung!
A l b r e c h t. So geh da hinein, da ist ja auch noch ein Gemach, nicht wahr? Dann bist du mit drei Schritten wieder bei mir!
A g n e s *(ab)*.
A l b r e c h t. Kommt nur, ich lasse mich finden!

ZEHNTE SZENE

Preising tritt ein, von Törring, Frauenhoven und Nothhafft von Wernberg begleitet.

A l b r e c h t. Was bringt Ihr, Kanzler?
P r e i s i n g. Fröhliche Botschaft!
A l b r e c h t. Wirklich? Da käme Freude zur Freude!
P r e i s i n g. Eine Botschaft, die mein gnädiger Herr eigentlich dem Ritter Haydeck, und nicht mir, hätte übertragen sollen!
A l b r e c h t. So! Ich versteh schon!
P r e i s i n g. Er mußte Euch die Flucht Eurer ersten Braut melden –
A l b r e c h t. Ich habe vergessen, ihn dafür zu belohnen, es soll geschehen, sobald ich ihn wiederseh!
P r e i s i n g. Er sollte Euch billig auch das Jawort der zweiten überbringen!

Albrecht. Preising, geradeheraus! Ich versteh mich schlecht aufs Rätsellösen, aber gut aufs Nußknacken! Was ist's?

Preising. Euer Vater hat um die schönste Fürstin Deutschlands für Euch angehalten –

Albrecht. Das bedaur' ich sehr!

Preising. Erich von Braunschweig hat eingewilligt!

Albrecht. Das bedaur' ich noch mehr!

Preising. Und ich –

Albrecht. Ihr sollt mich zum Nicken bringen, wie einen Nürnberger Hampelmann, den man von hinten ziehen kann! Es wird Euch nicht gelingen, und das bedaur' ich am meisten, denn Euer Ansehen wird darunter leiden!

Preising. Euer Vater würde erstaunt sein, das kann ich Euch versichern, wenn Ihr Euch nur einen Augenblick gegen eine Verbindung sträuben könntet, die seit der Ächtung Heinrichs des Löwen nicht zustande gebracht werden konnte, sooft es auch versucht wurde, und die eine uralte, zuweilen höchst gefährliche Feindschaft für ewige Zeiten ersticken wird! Hier nicht mit beiden Händen zugreifen, heißt nicht bloß das Glück mit Füßen treten; es heißt auch die endlich eingeschlafene Feindschaft zwischen Welf und Wittelsbach wieder aufwecken, ja verdoppeln; es heißt den ungerechten Haß in einen gerechten verwandeln; es heißt die Rache herausfordern und ihr selbst die Waffen reichen!

Albrecht. Das weiß ich, oh, das weiß ich, mich sollt's wundern, wenn's anders wär'! Man kann die Pläne meines Vaters nie kreuzen, ohne zugleich der halben Welt ins Gesicht zu schlagen, mit ihm allein hat's noch keiner zu tun gehabt! Aber so groß die Kunst auch sein mag, den Faden so zu spinnen unfehlbar ist sie nicht, und diesmal reißt er ab!

Preising. Und Euer Grund?

Albrecht. Ihr kennt ihn!

Preising. Ich hoffe, nein!

Albrecht. Nicht? Nun, Ihr braucht ihn nicht weit zu suchen! Ich bin ein Mensch, ich soll dem Weibe, mit dem ich vor den Altar trete, so gut, wie ein andrer, Liebe und Treue zuschwören, darum muß ich's so gut, wie ein andrer, selbst wählen dürfen!

Preising. Ihr seid ein Fürst, Ihr sollt über Millionen

3. Akt, 10. Szene

herrschen, die für Euch heute ihren Schweiß vergießen, morgen ihr Blut verspritzen und übermorgen ihr Leben aushauchen müssen: wollt Ihr das alles ganz umsonst? So hat Gott die Welt nicht eingerichtet, dann wäre sie nimmer rund geworden, einmal müßt Ihr auch ihnen ein Opfer bringen, und Ihr werdet nicht der erste Eures ruhmwürdigen Geschlechts sein wollen, der es verweigert!

A l b r e c h t. Einmal? Einmal mit jedem Atemzuge, meint Ihr! Wißt Ihr auch, was Ihr verlangt? Gewiß nicht, denn sonst würdet Ihr die Augen wenigstens niederschlagen und nicht dastehen, als ob alle zehn Gebote mit feurigen Buchstaben auf Eurer Stirn geschrieben ständen. Was tut Ihr, wenn der Tag Euch ein finstres Gesicht zeigt, wenn Euch alles mißlingt, und Ihr Euch selbst fehlt? Ihr werft beiseite, was Euch quält, und eilt zu Eurem Weibe, sie ist vielleicht gerade doppelt von Gott gesegnet und kann Euch abgeben, wenn das aber auch einmal nicht zutrifft, so könnt Ihr sie ja gar nicht ansehen, ohne aller Eurer glücklichen Stunden zu gedenken, und wem die wieder lebendig werden, der hat eine mehr! Was wär' mein Los? Könnt' ich auch zu meinem Weibe eilen? Unmöglich, ich müßte eher eine Wache vor meine Tür stellen, damit die Unselige in ihrer Unschuld nur nicht von selbst komme und mich ganz verrückt mache, denn sie wäre ja mein ärgster Fluch! Doch nein, das wäre schlecht von mir, das dürft' ich nicht, ich müßte ihr entgegengehen und sie in meine Arme schließen, während ich sie lieber von mir schleudern möchte, wie einen ankriechenden Käfer, denn das hätt' ich vor Gott gelobt. Graust Euch? Wißt Ihr jetzt, was Ihr verlangt? Nicht bloß auf mein Glück soll ich Verzicht leisten, ich soll mein Unglück liebkosen, ich soll's herzen und küssen, ja ich soll dafür beten, aber nein, nein, in alle Ewigkeit nein!

P r e i s i n g. Herzog Ludwig, Euer Vorfahr, nahm eine Gemahlin, die keiner erblickte, ohne ihr zu dem Namen, den sie in der heiligen Taufe empfangen hatte, unwillkürlich noch einen zweiten zu geben; es war Margaretha von Kärnten, die im Volksmund noch heutzutage die Maultasche heißt. Er war jung, wie Ihr, und man hört nicht, daß er blind gewesen ist, aber sie brachte die Grafschaft Tirol an Bayern zurück, und wenn er sich über ihre Schönheit nicht freuen konnte, so wird der Gedanke ihn getröstet haben, daß seine armen Untertanen unter seiner Regierung das Salz noch einmal so billig kauften, wie zuvor, und ihn mit fröhlichen Gesichtern morgens, mittags und abends dafür segneten!

A l b r e c h t. Wißt Ihr, ob er ihnen nicht jedesmal eine Bitte abschlug, wenn er sein Weib gesehen hatte?

P r e i s i n g. Ich weiß nur, daß er vier Kinder hinterließ. Gnädiger Herr, ich habe meine Botschaft ausgerichtet und werde Eurem Vater melden, daß Ihr zu mir nicht ja gesagt habt. Wollt Ihr etwas hinzufügen, so tut's, wenn Ihr ihn seht! Mein Auftrag ist noch nicht zu Ende, ich soll Euch noch zu dem Turnier laden, das er in Regensburg zu halten gedenkt, und Ihr werdet seinen Unwillen nicht dadurch noch erhöhen wollen, daß Ihr ausbleibt!

A l b r e c h t. Gewiß nicht, ich habe das Fechten nicht verlernt, auch in Augsburg nicht, und gebe gern den Beweis!

P r e i s i n g. Da müßt Ihr denn noch heute aufsitzen!

A l b r e c h t. Noch heute?

P r e i s i n g. Übermorgen findet's statt!

A l b r e c h t. Das kommt ja rascher zustande, wie eine Bauern-Schlägerei! Was gibt's denn? Ist dem Kaiser in seinem Alter eine Prinzessin geboren?

P r e i s i n g. Wahrscheinlich sollte Eure neue Verlobung der Ritterschaft verkündigt werden, denn Euer Vater hält Eure Weigerung für unmöglich und ist stolz darauf, daß ihm gelang, was seinen Vorfahren drei Jahrhunderte hindurch mißglückte. Nun wird's wohl auf ein bloßes Lanzenspiel hinauslaufen!

A l b r e c h t. Gleichviel! Ich bin in billigen Dingen sein gehorsamer Sohn und will um eine Erbsenschote turnieren, wenn er's verlangt!

P r e i s i n g. Also, Ihr erscheint, ich hab Euer Wort!

(Ab, von Törring, Frauenhoven und Notthafft von Wernberg zurückbegleitet.)

ELFTE SZENE

A l b r e c h t. Da ist's! Und ich kann nicht sagen, daß mich's verdrießt! Ich bin nicht gemacht, mein Glück zu genießen, wie ein Knabe die Kirschen nascht, die er gestohlen hat! Und wenn der Sturmwind mir die Tarnkappe abreißt, so kann der Augsburger Priester doch gewiß nicht sagen, ich selbst hätte das Geheimnis verraten!

ZWÖLFTE SZENE

A g n e s *(tritt wieder ein, aber ohne die Kleinodien).* Nun, mein Albrecht?
A l b r e c h t. Ja, Agnes, nun werd ich's bald sehen, ob du von deinem Vater was gelernt hast, ich werde bloß, um dich auf die Probe zu stellen, ein Paar Beulen von Regensburg mitbringen! Aber, was hast du gemacht? Mein Werk wieder zerstört? Nein, wirst du sagen, Gottes Werk wiederhergestellt! Und es ist wahr, ich hatte es nur verdorben, wie der Knabe die Lilie, die er mit Nelkenblättern bestreut! Du tatest wohl, den bunten Überfluß abzuschütteln.
A g n e s. Ich habe alles gehört, alles! Ich mußte!
A l b r e c h t. Alles, nur meine letzte Antwort nicht! Fürchte nichts von meinem Ungestüm, ich halte sie zurück, solange ich kann, auch jetzt noch! Aber im äußersten Fall: Hier ist sie! *(Er umarmt sie.)* Wir sind vereint, nur der Tod kann uns noch trennen, und der ist sein eigner Herr! Auch gibt's auf der ganzen Welt keinen Mann, der sich schneller in etwas ergibt, wie mein Vater, wenn er sieht, daß nichts mehr zu ändern ist! Nun in die Rüstkammer! Nothhafft und Törring nehm ich mit, Frauenhoven bleibt hier zu deinem Schutz!
A g n e s. Es ist nicht Furcht, was mich bewegt! Den Schwindel hab ich überwunden! Aber – Sieh, mein Albrecht, es tut mir weh, wenn ich mir denke, daß ganz Augsburg mich für etwas anderes, als für deine Gemahlin hält; und der Trost, vor Gott rein dazustehen, reicht nicht immer aus, kaum, laß mich's bekennen, das Gefühl, mein Glück damit zu bezahlen. Doch ich will es gern mein ganzes Leben lang ertragen, wenn's nur zwischen dir und deinem Vater Friede bleibt. Wie fürchterlich war's mir früher schon immer, wenn sich Freunde und Brüder meinetwegen entzweiten, und von wie manchem Tanz blieb ich weg, um's nur nicht zu sehen! Und was war das gegen dies!
A l b r e c h t. Diesmal ist gar nichts zu besorgen! Auch ein Fürstensohn darf sagen: ich will die nicht! und wenig-

stens: ich will noch nicht! Aber zusammenhauen will ich
sie – Hei! wer mich bisher schon einen guten Fechter ge-
nannt hat, der soll sich schämen, und ein jeder soll sich's
im stillen zuschwören, mir nie wieder in den Weg zu treten, auch wer selbst nichts abbekommt!

(Beide ab.)

Regensburg.

DREIZEHNTE SZENE

*Turnierplatz. Die Zuschauer sind auf ihren Tribunen schon
versammelt. Der Marschall steht vor den Schranken, ein
Buch unterm Arm. Großer Zug; Fahnen, Trophäen, Trompeten.*

Ernst *(tritt auf, von seinen Rittern begleitet. Unter diesen befinden sich Wolfram von Pienzenau, Otto von Bern,
Ignaz von Seyboltstorff und Hans von Preising. Preising
geht ihm zur Seite. Die Ritter stellen sich bis auf Preising
rechts vom Marschall auf).*

Preising. Gnädiger Herr, mißdeutet's nicht, daß ich
noch einmal anklopfe, aber die Stunde ist ernst, was Ihr
zu tun gedenkt, kann vielleicht nicht mehr zurückgetan
werden, und Ihr pflegt ja doch sonst meinen geringen Rat
nicht zu verschmähen.

Ernst. Gegen jedermann kann ich Euch schützen, nur nicht
gegen meinen Nachfolger, darum rat ich mir diesmal
allein!

Marschall *(ruft)*. Wolfram von Pienzenau! Otto von
Bern!

Pienzenau und Bern. Hier!

Marschall *(läßt sie ein).*

Preising. Ich fürchte zu erraten, was Ihr vorhabt, der
Marschall hat das Buch gewiß nicht umsonst unterm Arm!
Überlegt's noch, ich bitt Euch, und seht in der raschen Antwort, die er Euch vorhin gab, nicht den Trotz eines Sohns,
sondern die Hartnäckigkeit eines Verliebten, der sein Gefühl für eine Agnes nicht sogleich auf eine Anna übertragen kann!

Ernst. Ihr werdet augenblicklich aufgerufen werden!

Preising *(geht zu den Rittern).*

3. Akt, 13. Szene

Ernst. Ein Schnitt ins Fleisch tut not. Wirkt's nicht gleich, so wirkt's später! Ei, ei, wer hätte das gedacht! Einer Dirne wegen!

Albrecht *(tritt mit Nothhafft von Wernberg und Törring auf).*

Ernst *(an Albrecht vorbeischreitend).* Noch einmal! Darf ich der Ritterschaft Eure Verlobung mit Anna von Braunschweig ankündigen lassen?

Albrecht. Ich habe zu viel von Euch im Leibe, um auf eine und dieselbe Frage an einem und demselben Morgen zwei Antworten zu geben! – Mein Gott, lag ich denn ganz umsonst auf den Knien vor Euch?

Ernst. Gut! *(Er geht weiter.)* Marschall, ich habe Euch nichts zu sagen! *(Er besteigt seine Tribune.)* Nur fort!

Marschall *(ruft).* Hans von Preising! Ignaz von Seyboltstorff!

Preising und Seyboltstorff. Hier! *(Treten an die Schranken.)*

Albrecht. Preising! Seyboltstorff! Zurück! Wittelsbach ist da! *(Tritt an die Schranken.)*

Marschall. Halt!

Albrecht. Marschall von Pappenheim, aufgeschaut! Den Blinden, dem ich den Star stechen muß, bedien ich mit der Lanze!

Ernst. Artikel zehn!

Marschall *(öffnet das Buch und liest).* Weiter wurde zu Heilbronn für ewige Zeiten beschlossen und geordnet: welcher vom Adel geboren und herkommen ist und Frauen und Jungfrauen schwächte –

Albrecht *(schlägt ihm das Buch aus der Hand).* Der darf nicht turnieren! Werden hier Krippenreiter zugelassen, die das nicht wissen?

Marschall. Ihr seid angeklagt, auf Eurem Schloß Vohburg mit einem Schwabenmädchen in Unehren zu leben!

Albrecht. Mein Kläger?

Ernst *(erhebt sich).*

Albrecht. Herzog von München-Bayern, laß deine Späher peitschen, sie haben deine Schwieger verunglimpft! Die ehr- und tugendsame Augsburger Bürgertochter, Jungfer Agnes Bernauer, ist meine Gemahlin, und niemand, als sie, befindet sich auf Vohburg! Hier stehen meine Zeugen!

Ernst. Preising! Das ist ja zum – Wiederjungwerden!

3. Akt, 13. Szene

Albrecht. Da man nun mit seinem angetrauten Weibe nicht in Unehren leben kann, so – – Schildknapp', zeig dem Mann mit dem Buch da, wie man öffnet!

Schildknapp' *(öffnet rasch).*

Albrecht *(tritt ein).* Nun, Ihr Herren? Man pflegt: ich wünsch Euch Glück! zu sagen!

Ernst *(greift zum Schwert und will hinunterstürzen).* Ich komm schon!

Preising *(wirft sich ihm entgegen).* Gnädiger Herr, erst müßt Ihr mich durchstoßen!

Ernst. Ei, ich will's ja nur als Knüttel brauchen, ich will nur für die Überraschung danken! Doch, Ihr habt recht, es ist auch so gut, was erhitzt der Vater sich, der Herzog genügt. *(Er ruft.)* Edle von Bayern, Grafen, Freiherren und Ritter, auch Wilhelm, mein Bruder, hat einen Sohn –

Albrecht. Was soll das?

Ernst. Wer den Weg zur Schlafkammer seiner ehr- und tugendsamen Jungfer – allen Respekt vor ihr, es muß eine gescheite Person sein! – durch die Kirche nehmen mußte, der nimmt die Benediktion mit und die Gnade aller Heiligen obendrein, aber Krone und Herzogsmantel läßt er am Altar zurück! *(Er fährt fort.)* Dieser Sohn heißt Adolph und ihn erklär ich –

Albrecht. Bei meiner Mutter, nein!

Hans von Läubelfing. Albrecht von Wittelsbach, Ingolstadt steht hinter Euch, fürchtet nicht für Euer Recht, Ludwig der Bärtige zieht!

Ernst. Ludwig von Ingolstadt, oder wer hier für ihn spricht, das Reich steht hinter mir mit Acht und Aberacht, weh dem, der seine Ordnung stört!

Marschall *(nebst vielen andern Rittern, mit den Schwertern klirrend).* Ja, weh dem!

Ernst. Bürger von Augsburg, Eidam des Vaters, empfangt jetzt Segen und Hochzeitsgabe zugleich! *(Fährt fort.)* Es lebe mein Nachfolger! *(Er steigt von der Tribune herunter.)* Wer ein guter Bayer ist, stimmt mit ein: es lebe Adolph, das Kind!

Marschall *(mit vielen andern Rittern um Ernst sich scharend).* Es lebe Adolph, das Kind!

Albrecht *(zieht und dringt auf den Marschall ein, auch um ihn scharen sich einige Ritter).* Otto, mein Ahnherr, für Treu!

Ernst *(schlägt ihm mit der Faust aufs Schwert).* Das Turnier ist aus!

Albrecht. Nein, es beginnt! Die Ritterschaft verläßt mich! Bürger und Bauern, heran!

(Er schwingt sein Schwert gegen die Zuschauer. Großes Getümmel.)

VIERTER AKT

München.

ERSTE SZENE

Das Herzogliche Kabinett. Preising sitzt an einem Tisch, ein versiegeltes Dokument in der Hand.

Preising. Dies soll ich öffnen und prüfen! Und gerade heut, an diesem Tage des Jammers! *(Er besieht das Dokument.)* Keine Aufschrift, bis auf ein Kreuz! Aber sieben Siegel von seiner eignen Hand! Dazu lag's, dreifach verschlossen, in einer ehernen Truhe! Der Inhalt muß ernst und wichtig sein! Auch neu ist es nicht! Das beweist der Staub, der sich mir an die Finger setzt! *(Er fängt an, die Siegel zu erbrechen.)* Offenbar ein Geheimnis, das er lange vor mir verbarg! Mir wird fast beklommen!

ZWEITE SZENE

Stachus *(tritt ein).* Ein Bauer ist da, mit einer ungeheuer großen Ähre, die er dem Herzog zeigen will!

Preising. Nur heute nicht! Er wird vom Sterbebett keine Augen dafür mitbringen!

Stachus. Das hab ich ihm schon gesagt! Aber er läßt sich nicht bedeuten, und Ihr wißt's ja, daß wir mit den gemeinen Leuten nicht unsanft verfahren dürfen!

Preising. So laß ihn stehen, bis er von selbst geht! Hört man denn nichts von dem armen Prinzen? Wird's nicht doch ein wenig besser? Bei Gott ist ja kein Ding unmöglich!

S t a c h u s. Besser! Vor einer halben Stunde ward er versehen! Herr Kanzler, die Augsburger Hexe paßt schon auf, und der Teufel läßt sie nicht im Stich, wie sollt's besser werden!
P r e i s i n g. Was redst du da wieder, Stachus!
S t a c h u s. Was sie alle reden! In der Burg, auf der Straße, an der Schranne, im Klosterhof, wo man auch hinkommt, alle, alle! Ein hochwürdiger Pater Franziskaner hat diese Bernauerin schon von der Kanzel herab verflucht, er hat gesagt, sie sei wert, bei lebendigem Leibe verbrannt zu werden, da wird's doch wohl wahr sein! Und wie sollt's auch nicht! Erst stirbt der Vater, der gute, gute Herzog Wilhelm; dies Wams hab ich von ihm! Dann folgt seine Gemahlin! Heute rot, morgen tot; wir mußten sie beweinen, eh' sie ihn noch beweinen konnte. Nun der Prinz, der freundliche kleine Adolph! Hört Ihr? Das Sterbeglöcklein! Es ist aus! Aus! *(Er ballt die Hände, wie zum Fluchen.)* Und ich sollte nicht!? – *(Er sinkt auf die Knie und betet.)*
P r e i s i n g *(sinkt gleichfalls auf die Knie).*
S t a c h u s *(aufstehend).* Selbst in Brand stecken möcht' ich den Scheiterhaufen! Die fände so viele Henker, als es treue Bayern gibt. Nun geht's an den Herzog, den regierenden Herrn, gebt nur acht! *(Ab.)*

DRITTE SZENE

P r e i s i n g *(der sich zugleich mit Stachus erhebt).* Ja, es ist aus! Das Glöcklein verstummt, das Kind tat seinen letzten Atemzug, und Ernst hat keinen Erben mehr, da er seinen Sohn verstieß. Dies ist eine schwere Stunde fürs Land! Gott schaue gnädig auf uns herab! *(Er ergreift das Dokument wieder.)* Nun wird er wohl gleich hiersein! Die ganze Nacht war er drüben! *(Er nimmt es aus dem Umschlag und entfaltet's.)* Was ist das? *(Er liest.)* »Rechtlicher Beweis, geschöpft aus den Ordnungen des Reichs und anderen lauteren Quellen, daß die Agnes Bernauer oder Pernauer aus Augsburg wegen verbrecherischer Verleitung des jungen Herzogs Albrecht zu unrechtmäßiger Ehe, ja sogar, falls sich nichts Weiteres erhärten ließe, wegen bloßer Eingehung einer solchen im äußersten Falle gar wohl, zur Abwendung schweren Unheils, auf welche Weise es immer sei, vom Leben zum Tode gebracht werden dürfe!« *(Er setzt ab.)* Oh, nun begreif ich alles! Dieser Tote wird wieder töten, dieser Knabe, der nicht einmal seine Nürnberger Klapperbüchse mehr schütteln kann, wird das Mädchen nachholen! Schrecklich! *(Er sieht wieder hinein.)* Des jungen Herzogs! Er ist fünf Jahre älter, als sie, und hat vielleicht schon seine erste Schlacht gewonnen, bevor sie noch ihre letzte Puppe in den Winkel warf! Ärmste, welch ein Schicksal ereilt dich! *(Er blättert um.)* Wer hat sich denn unterschrieben? Adlzreiter! Kraitmayr! Emeran Nusperger zu Kalmperg! Große Juristen, würdig, zu Justinians Füßen zu sitzen und die Welt zu richten, wer wagte ihnen zu widersprechen! Sie ist verloren! *(Er sieht wieder hinein.)* Und gleich nach dem Regensburger Turnier abgefaßt! Ja, da trafen sie alle drei hier in München zusammen, ich hielt's für Zufall, nun seh ich wohl, daß sie gerufen waren! Das sind schon dritthalb Jahre! Wie wenig mag sie's noch erwarten! *(Er blättert noch einmal um.)* Unten das förmliche Todesurteil, dem nur noch der Name des Herzogs fehlt! Der wird nun wohl bald hinzukommen! Mich graust! Manch ähnliches Blatt hielt ich schon in der Hand, aber da ging dem strengen Spruch jedesmal eine Reihe schnöder Gewalttaten voran, man las viel von Raub, Mord, Brand und Friedensbruch, ehe man an die Strafe kam. Hier könnte höchstens stehen: sie trug keinen Schleier und schnitt sich die Haare nicht ab! Ich weiß jetzt ja recht gut, wie's zugegangen ist! Und dennoch – *(Er liest wieder.)* Durchs Beil, durchs Wasser, ja durch einen Schuß aus dem Busch – *(Er setzt ab.)* Gibt's denn gar kein anderes Mittel mehr?

VIERTE SZENE

Ernst *(tritt ein)*. Ich ließ Euch warten, Preising! Aber ich mußte selbst warten!

Preising. Gnädiger Herr!

Ernst. Laßt, laßt! Die Erde kann schon mit gebrochenen Augen gepflastert werden! Es kam ein Paar hinzu! Habt Ihr gelesen!

Preising. Ich wollte just, da hört' ich das Glöcklein!

Ernst. So lest jetzt! *(Er wendet sich.)* Es hat mich angegriffen! Wie schwer stirbt ein Kind! Zwölf Stunden Todeskampf für ein so kurzes Leben! Mein Gott! Nun, es ist vorbei! *(Er macht ein paar Schritte.)* Die große Glocke! Endlich! Mir fehlte noch was! Die verkündigt's der Stadt! Nun geht's von Ort zu Ort, von Haus zu Haus, von Mund zu Mund. Ja, betet, betet, betet! Wir können's brauchen! *(Wendet sich wieder zu Preising.)* Nun?

Preising *(legt das Dokument auf den Tisch)*. Was soll ich noch sagen!

Ernst. Was Ihr könnt! Prüft Punkt für Punkt, ich steh Euch Rede, diesmal, wie allemal! Habt Ihr etwas gegen die Männer einzuwenden, die das Gutachten abgaben und den Spruch fällten?

Preising. Gegen die Männer! Wenn der Schwabenspiegel noch nicht zusammengestellt wäre, diesen dreien würde ich an Kaisers Statt den Auftrag geben, es zu tun!

Ernst. Sind sie bestechlich? Trifft einen unter ihnen der Verdacht der hohlen Hand?

Preising. Gewiß nicht! Wenn aber auch: Herzog Ernst hat keinem etwas hineingedrückt!

Ernst. Ihr erweist mir nur Gerechtigkeit! Nicht einmal den Schweißpfenning, der ihnen gebührt hätte, und das ist die einzige Schuld, die ich nie bezahlen will!

Preising. Ich schwöre für Euch! Aber auch für sie!

Ernst. Nun, solche Männer, so beschaffen, legten vor dritthalb Jahren nach gewissenhaftester Erwägung des Falls dies Blatt bei mir nieder, und erst jetzt zieh ich's hervor. Kann man mich der Übereilung zeihen?

Preising. Nicht Euer Feind!

Ernst. Wenn ich's vollstrecken lasse: kann man behaupten, es sei nicht der Herzog, der seine Pflicht erfüllen, sondern der Ritter, der einen Flecken abwaschen, oder der Vater, der sich rächen will?

Preising. Auch das nicht!

Ernst *(ergreift die Feder)*. Wohlan denn!

Preising. Gnädiger Herr, haltet noch ein!

Ernst. Ja? Gut! *(legt die Feder nieder)* Ich bin kein Tyrann, und denke keiner zu werden. Aber man soll von mir auch nicht sagen: er trug das Schwert umsonst! Wer's unnütz zieht, dem wird's aus der Hand genommen, aber wer's nicht braucht, wenn's Zeit ist, der ruft alle zehn

4. Akt, 4. Szene

Plagen Ägyptens auf sein Volk herab, und die treffen dann Gerechte und Ungerechte zugleich, denn unser Herrgott jätet nicht, wenn er selbst strafen muß, er mäht nur! Das erwägt und nun sprecht! *(Er setzt sich.)*

Preising. Ich kann dies Blatt nicht widerlegen! Es ist wahr: wenn die Erbfolge gestört wird oder auch nur zweifelhaft bleibt, so bricht früher oder später der Bürgerkrieg mit allen seinen Schrecken herein, und niemand weiß, wann er endet!

Ernst. Er bricht herein, wenn sie Kinder bekommen, er bricht herein, wenn sie keine bekommen! In dem einen Fall wollen die sich behaupten, in dem andern können Ingolstadt und Landshut sich nicht vereinigen, weil jedes den Löwenteil verlangt! Ja, es ist die Frage, ob die auch nur bis zu seinem Tode ruhig bleiben! Denn, wenn sie jetzt mit ihm liebäugeln, so geschieht's, um mich zu ärgern!

Preising. Aber es ist doch auch entsetzlich, daß sie sterben soll, bloß weil sie schön und sittsam ist!

Ernst. Das ist es auch! Ja! Darum stellt' ich's Gott anheim. Er hat gesprochen. Ich warf mein eignes Junges aus dem Nest und legte ein fremdes hinein. Es ist tot!

Preising. Und gäbe es wirklich keinen anderen Ausweg? Gar keinen?

Ernst. Ihr greift mich hart an, Ihr meint, ich könnte noch mehr tun! Und wahr ist's: in den Adern Ludwigs von Ingolstadt und Heinrichs von Landshut fließt das Blut des Geschlechts ebenso rein, wie in meinem eignen!

Preising. Daran hab ich noch nicht gedacht!

Ernst. Aber ich! Zwar wär's so arg, daß wohl auch ein Heiliger fragen würde: Herr, warum das mir? Doch, wenn's nun wär'? Der letzte Hohenstaufe starb durch Henkers Hand, mit Gottes dunklem Ratschluß kann viel bestehen, was der Mensch nicht faßt. Aber dies kann Gottes Ratschluß nicht sein, denn es hälfe nichts, und das ist mein Trost! Spräche ich zu Heinrich: Komm, Fuchs, du hast mir mein ganzes Leben lang Fallstricke gelegt und Gruben gegraben, nimm mein Herzogtum zum Lohn! so führe Ludwig dazwischen. Spräche ich zu Ludwig: Ich bin dir noch den Dank für so manchen Schlag schuldig, der von hinten kam, hier ist er! so griffe Heinrich mit zu, und einer könnt's doch nur sein! Oder ist's nicht so?

4. Akt, 4. Szene

Preising. Gewiß!

Ernst. Es bliebe also immer dasselbe, alles ginge drunter und drüber, und die Tausende, die im Vertrauen auf mich ins Land kamen und meine Märkte zu Städten erhoben, meine Städte so weit emporbrachten, daß selbst die stolze Hansa ihnen nicht mehr ungestraft den Rücken kehren darf, würden mich und mein Andenken verfluchen!

Preising. Ich meinte nicht das! Laßt sie entführen und dann verschwinden! Das geht jetzt leichter, wie sonst, er läßt sie nicht mehr so ängstlich bewachen.

Ernst. Was wär' damit gewonnen? Er würde sie suchen bis an seinen Tod! Ihr wart ein schlechter Prophet in Regensburg!

Preising. Man breitet aus, daß sie gestorben ist. Er fand den Priester, der ihn mit ihr verband: kann Euch der Priester fehlen, der einen Totenschein ausstellt?

Ernst. Und ich sollte ihm das zweite Weib geben, solange das erste noch lebte? Nein, Preising, das Sakrament ist mir heilig, er soll nicht am Tage des Zorns wider mich zeugen und sagen: Herr, wenn ich mich mit Greueln befleckte, so wußte ich nichts davon. Hier hilft kein Kloster, nur der Tod!

Preising. Doch auch wohl der Papst, und wenn der sich weigert, der Kaiser! Friedrich Barbarossa schied sich selbst, Ludwig der Bayer schied seinen Sohn!

Ernst. Wie soll man scheiden, wenn keins von beiden will? Preising, ich hatte dritthalb Jahre Zeit, und das Kind, für das jetzt die Glocken gehen, war oft genug krank! *(Er greift wieder zur Feder.)* Nein, Gott will es so und nicht anders! Und gerade jetzt geht es leicht. Er reitet heut oder morgen nach Ingolstadt zum Turnier hinab. Dort soll er, ich möchte sagen, wieder ehrlich gesprochen werden, und dies wird glücken, denn Ludwig hat alles zusammengerufen, was mir feind ist, er denkt: je weiter der Riß zwischen uns beiden, je besser für ihn! Nun, während sie die Fahne über ihn schwenken, will ich dafür sorgen, daß sie sich hinterdrein nicht zu schämen brauchen. Nichts hat mich so verdrossen, als das Gepränge, mit dem er sie gleich nach dem Regensburger Tag, einer Herzogin gleich, von Vohburg nach Straubing führte. Jetzt ist das gut! Emeran Nusperger zu Kalmperg ist Richter in Straubing, und Pappenheim kann mit hundert Reitern in vierundzwanzig Stunden dort sein!

Preising. Und nachher? Gnädiger Herr, Ihr habt recht, ich war in Regensburg ein schlechter Prophet! Wird er's tragen? Wird er nicht rasen und Hand an sich legen oder sich offen wider Euch empören?

Ernst. Das eine vielleicht, das andre gewiß, ich tu, was ich muß, der Ausgang ist Gottes. Ich setz ihn daran, wie Abraham den Isaak, geht er in der ersten Verzweiflung unter, und es ist sehr möglich, daß er's tut, so lasse ich ihn begraben, wie sie, tritt er mir im Felde entgegen, so werf ich ihn oder halte ihn auf, bis der Kaiser kommt. Dem meld ich's, noch eh' es geschieht, und er wird nicht säumen, denn wie ich Ordnung im Hause will, so will er Ordnung im Reich. Es ist ein Unglück für sie und kein Glück für mich, aber im Namen der Witwen und Waisen, die der Krieg machen würde, im Namen der Städte, die er in Asche legte, der Dörfer, die er zerstörte: Agnes Bernauer, fahr hin! *(Er unterschreibt und geht, dann wendet er sich und winkt.)* Kanzler!

(Ab, Preising folgt mit dem Blatt.)

Straubing.

FÜNFTE SZENE

Burghof und daranstoßender Garten. Törring, Frauenhoven und Nothhafft von Wernberg, alle gerüstet, an einem steinernen Tisch, auf dem Wein steht. Der Kastellan geht vorüber.

Nothhafft von Wernberg. Nun, Alter, schon wieder in die Kapelle? *(Er erhebt seinen Becher.)* Komm, versuch einmal, damit du siehst, daß die Frommen noch immer nicht umsonst beten!

Kastellan. Ich stoß dich um, sagte der Ritter zum Becher, und tat's, siebenmal hintereinander. Aber der Becher stieß ihn wieder um, und da fiel er dem Teufel in die Arme, der schon längst hinter ihm stand! Hütet Euch und spottet nicht! *(Ab.)*

SECHSTE SZENE

Frauenhoven. Wo bleibt der Herzog? Die Pferde werden ungeduldig!

Törring. Er wird die Totengruft besehen, die sie sich bauen ließ. Sie ist gestern oder heut fertig geworden. Ich sah sie beide zu den Karmelitern hinübergehen.

Nothhafft von Wernberg. Doch ein seltsamer Gedanke für ein junges Weib! Eine Totengruft!

Törring. Nun, im Anfang gerade so seltsam nicht! Da mag ihr beklommen genug gewesen sein, und mit Recht. Jetzt freilich sieht's anders aus! Und doch kann man noch nicht wissen, wie's kommt! Das schwache Kind in München ist nicht stark dadurch geworden, daß der alte Herzog ihm die Krone aufsetzte. Ja, er hat's vielleicht nur getan, weil er sich darauf verließ, daß sie schon von selbst wieder herunterfallen würde!

Frauenhoven. Da irrt ihr! Wie oft hat er Albrecht durch seinen Bruder die förmliche Entsagung abzudringen gesucht!

Törring. Das war immer nur ein Stich, eine verkappte Anfrage, ob er ihrer noch nicht satt sei! Wenn Ernst keinen Hintergedanken hatte, warum stellte er sich zwischen ihn und den Kaiser, als dieser wegen der Regensburger Händel Rechenschaft forderte? Der alte Sigmund meinte es sehr ernsthaft, das Podagra hat einen wackern Reichsvogt aus ihm gemacht, und seine Kommissarien, wir dürfen's uns wohl bekennen, hätten nicht einmal Brillen aufzusetzen gebraucht, um einen offenen Aufruhr zu entdecken. Warum kehrten sie so plötzlich in München um?

Frauenhoven. Ihr seht immer schwarz!

Nothhafft von Wernberg. Sie kommen! Steigen wir zu Pferde, daß wir den Abschied abkürzen! Aber vorher – *(Er ergreift den Becher.)*

Törring. Auf guten Ausgang!

(Sie stoßen an und gehen ab.)

SIEBENTE SZENE

Albrecht und Agnes treten auf. Albrecht ist ebenfalls gerüstet.

A g n e s. Also, die Ampel, die noch fehlt, bringst du mir mit, nicht wahr? Eine eherne, mit einer langen Kette, daß sie hoch vom Gewölb niederschweben kann.

A l b r e c h t. Lieber etwas andres, ich gesteh's dir offen. Doch ich hab's versprochen, und ich tu's!

A g n e s. Zürnst du mir?

A l b r e c h t. Wie könnt' ich! Aber es ängstigt mich, daß dir dies so am Herzen liegt! Hast du eine böse Ahnung? Ich wüßte zwar nicht, woher die dir jetzt noch kommen sollte, und dennoch muß es so sein!

A g n e s. Gewiß nicht! Ei, da würd' ich von meinem Sarg reden, von den Fackeln, dem Glockengeläut und allem, was ich mir sonst noch wünschte! Und wenn ich fürchtete, dir weh zu tun, würd' ich sagen: Denke dir, mir hat geträumt, ich würde begraben, und darüber mußt du dich freuen, denn es bedeutet langes Leben, aber das Leichenbegängnis war so schön, daß ich's dereinst geradeso und nicht anders haben möchte. Und dann würde ich's dir beschreiben!

A l b r e c h t. So will ich dir die Ampel nach dreißig Jahren schenken!

A g n e s. Wenn du nicht anders willst! Angezündet soll sie ja noch nicht werden! Aber, mein Albrecht, du kennst uns nicht, du weißt nicht, wie wir sind! Ein bürgerliches Mädchen macht sich das Totenhemd gleich nach dem Hochzeitkleid, und sie tut wohl daran, denn sie kann nicht wissen, wie sie's sonst in ihrem Alter bekommt! Nun, das liegt mir in der Art, und so lange bin ich noch nicht die Gemahlin eines Herzogs, daß sich schon alles an mir verändert hätte! Aber, du siehst, die Demut ist schon entwichen, denn ich habe nicht, wie meine Gespielinnen, die eigenen Finger geplagt und mir das Sterbegewand genäht, ich habe den Maurer und den Zimmermann gequält und mir eine Totenkapelle erbaut! Nun steht sie, und es ist mir eine Freude, daß ich die Stätte, wo ich meinen längsten Schlaf halten soll, jetzt schon kenne, ja daß ich sie betreten und dort im voraus für mich beten kann! Darum möcht' ich auch die Ampel gleich aufhängen, sonst wär' mir da in der letzten Stunde ja doch noch etwas fremd!

Albrecht. Wenn es nur das ist!

Agnes. Was sonst? Ich seh schon bei Tage einmal nach meinem Bett, weiter nichts! Ei, merkst du denn noch etwas von jener Angst und Beklommenheit an mir, die mich ergriff, als du so ungestüm von Regensburg zurückkehrtest und mich hierher führtest? Damals zitterte ich für mich und dich! Noch hatte ich mich an Vohburg nicht gewöhnt, noch lief ich, wie ein Kind, von Gemach zu Gemach und konnte keins finden, das mir eng genug war, und schon mußt' ich das kleine Schloß mit diesem großen vertauschen, neben dem es sich ausnahm, wie mein armes Vaterhaus sich neben ihm ausgenommen hatte! Ach, Musik unterwegs, das wilde Lebehoch der Bauern, die sich mit ihren Sensen und Pflugeisen um uns zusammenrotteten, die Blumen, die man uns streute, alles entsetzte mich. Du selbst kamst mir ganz fremd vor, weil du's littest und dich darüber freutest; ich erschrak zu Tode, als du hier sogar die Glocken läuten lassen wolltest! Aber das ist vorbei, längst vorbei! Du hörst ja, ich selbst nenne Vohburg jetzt klein, ich wundere mich gar nicht mehr, wenn sich die Armen und Bittenden des Morgens um mich drängen, ich kann fragen, wie eine geborne Herzogin, ich kann den Kopf schütteln und fast abschlagen, ich sollte mich schämen!

Albrecht. So will ich dich!

Agnes. Nur in meinen Träumen geht's anders her, sonst würd' ich gewiß zu stolz! Da kehrt die alte Zeit wieder, wo ich die Brotkrumen sorgfältig auflesen mußte, die zu Boden fielen, und wo mein Geburtstagsgeschenk meistens darin bestand, daß ich nicht gescholten wurde, wenn ich etwas tat, was nicht ganz recht war. Noch in der letzten Nacht, du mit deiner immer offnen Hand wirst lachen, bat ich meinen Vater glühend und stotternd um irgendeine Kleinigkeit, und er sagte, was er gewöhnlich zu sagen pflegte, wenn er eine Bitte nicht zweimal hören wollte: gut, es sei, aber dann kann ich ein halbes Jahr lang keinen Tropfen Wein mehr trinken! Ich war noch recht unwillig auf ihn, als ich erwachte, aber nun – Ich hab ihn doch wenigstens einmal wiedergesehen!

Albrecht. Du wirst ihn – – *(Er unterbricht sich.)* Da hab ich dich um die Überraschung gebracht!

4. Akt, 8. Szene

Agnes. Nein, mein Albrecht! Ich hab's recht gut gemerkt, aber wenn er kommen wollte, wär' er längst dagewesen! Ich kann mir auch denken, was ihn abhält, und du mußt ihn darum ehren!

Albrecht. Ich glaube doch, er wird diesmal nachgeben! Sonst gehen wir im Winter nach Augsburg zum Mummenschanz.

ACHTE SZENE

Törring *(tritt ein).* Verzeiht!

Albrecht. Ich bleib Euch zu lange!

Törring. Wenn Ihr überhaupt noch fort wollt –

Albrecht. Wenn ich überhaupt noch fort will? Ei, ich werde die Ritter und Herren, die Herzog Ludwig so mühsam zusammenbrachte, nun doch nicht zum Narren halten?

Törring. Hört Ihr die Domglocke nicht?

Albrecht. Längst, aber, was kümmert sie mich?

Törring. Mehr, als Ihr denkt: Euer Vetter Adolph ist tot!

Albrecht. Tot?

Törring. Eben trifft die Trauerbotschaft aus München ein!

Albrecht. Friede mit ihm! Er lebte sich selbst nur zur Last und keinem zur Freude!

Agnes. Gott im Himmel! Das ist nun in sechs Monaten der dritte!

Törring. Ja, ja, edle Frau, Ihr versteht's!

Agnes. So bin ich wieder schuld? O freilich! freilich! Wer sonst wohl!

Albrecht. Gott weiß, daß ich mich nicht freue! Wie sollt' ich auch? Für mich war er nie da! Aber weinen kann ich ebensowenig! Ich denk nur an eins! Nun kann mein Vater mit Ehren zurück!

Törring. Ich darf absatteln lassen?

Albrecht. Was fällt Euch ein? Zwar, ich möchte nicht, daß jetzt aus dem Turnier noch etwas würde. Aber ich bin doch wohl der letzte, der ausbleiben darf! Fort muß ich, und das gleich, doch gewiß werd ich nun viel früher wieder hiersein, als ich dachte! Agnes, jetzt – *(Er sagt ihr*

etwas ins Ohr, dann hält er seine Hand auf ihre Wange.)
Au, ich brenne mich!
Agnes. Verzeih dir's Gott, daß dir das in den Sinn kommt!
Albrecht. Amen! Ich sag's mit! Aber es wird sich zeigen! Ich hatte immer das Gefühl, mein letzter Wunsch könne nicht eher gekrönt werden. Ei, unser Sohn mußte doch auch einen Großvater haben! Und nun – *(Er umarmt sie.)* Siehst du, daß du mir nicht aufrichtig zürnst? Du hältst mich fest! Oh, ich weiß es ja längst, daß du erst dann an Gottes Segen glauben wirst! Darin bist du abergläubisch. Aber ändre dich ja nicht, ich lieb auch das an dir! *(Er küßt sie.)* Mein Leben, auf Wiedersehen! *(Er läßt sie los und entfernt sich ein paar Schritte von ihr.)* Seht Ihr, Törring, daß man von seinem Leben scheiden kann, und darum doch nicht gleich zu sterben braucht? Also! Werdet kein Hagestolz! Aber freilich, man muß das Beste erst abküssen! *(Er umarmt und küßt sie noch einmal.)* So! Nun bin ich in Ingolstadt und du in Straubing! Siehst du mich noch? Ja? Ich dich nicht mehr! *(Ab.)*
Törring *(folgt).*

NEUNTE SZENE

Agnes *(eilt in den Garten).* Da kann ich ihn zu Pferd steigen sehen! *(Sie kehrt wieder um.)* Ja, wenn er selbst mich in die Höhe höbe und über die Mauer kucken ließe, wie damals, als die schwarzbraunen Ägypter mit Zimbeln und Schellen vorüberzogen. Aber hören muß ich ihn können! *(Sie eilt wieder fort.)* Still, still mit euren Trompeten! Horch! Das ist er! »Ihr seid brav, Törring!« Gewiß, aber warum sagst du ihm das gerade jetzt? Ach, da geht's schon fort! Leb wohl, mein – Halt! Der Trab stockt! Es ist doch nichts geschehen? Da redet einer! Schwach, undeutlich – schweig du! Nun noch einmal er! »Führt ihn gleich zu ihr!« Zu mir? Wen denn? »Es wird ihr lieb sein!« Mir lieb? Nein, Albrecht, da kennst du mich nicht! Ich wollte, es würde augenblicklich Nacht und erst in dreimal vierundzwanzig Stunden wieder Tag! Oder wär's mein Vater? *(Sie jauchzt auf.)* Mein Vater! Gewiß nicht! Ach nein! Jetzt sprengen sie weiter. Hui! Recht, ihr Rosse, holt aus! Um so eher seid ihr wieder mit ihm da. *(Sie horcht auf.)* Ich höre nichts mehr. *(Sie horcht wieder.)* Doch! *(Sie pflückt währenddem gedankenlos eine Blume.)* Was soll's noch! *(Sie läßt die Blume fallen.)* Hab ich da was gepflückt? Das tut mir leid! Es ist keine Zeit, Blumen vor die Brust zu stecken! *(Sie wandelt langsam wieder herauf.)* Nun ist's denn so gekommen, wie sie alle vorhersagten! Tot! Ob das uns wirklich was Gutes bedeutet? Was tu ich jetzt? Zieh ich mich schwarz an? Da bin ich wieder hochmütig und rechne mich mit zur Familie, wie dieser unheimliche Mensch mit den kalten Augen, der Richter, gespöttelt haben soll. Unterlaß ich's? Da freu ich mich über das Unglück! Ich folg meinem Herzen und das sagt: traure mit den Traurenden! Lacht nicht, Herr Emeran! Man ist manchem Dank schuldig, ohne daß man's weiß! Es ist gut für Euch, daß dies Herz so weich ist, wenn Ihr es auch nicht ahnt!

ZEHNTE SZENE

Törring *(tritt auf).*
Agnes. Ihr noch hier?
Törring. Ich bleibe, edle Frau! Es ist einer aus Augsburg da, ich darf ihn wohl schicken?
Agnes. Aus Augsburg?
Törring *(geht ab, gleich darauf erscheint Theobald).*
Agnes *(ruft ihm entgegen).* Theobald!
Theobald. Agnes – Frau Herzogin, wollt' ich sagen – Nicht? So ist's recht?
Agnes. Laßt das! Kommt mein Vater auch? Doch, was frag ich! Wie könntet Ihr Euch alle beide zugleich entfernen!
Theobald. Nun, das – Aber Ihr wißt, wie er ist! Er meint, Ihr solltet Gott danken, wenn Euch der Vater endlich vergeben und vergessen sei, und ihm keine Boten weiter senden, es helfe doch nichts, denn er seinerseits kenne seine Schuldigkeit und werde den alten Bartkratzer hier nicht in Erinnerung bringen! Es freue ihn zwar von Herzen – und das tut's auch, ich weiß es, darum kehrt Euch nicht an ihn – daß Ihr noch an ihn dächtet, und daß auch Euer Herr sich seiner nicht schäme, aber er verstehe das besser, und Ihr möchtet aufhören, ihn zu quälen!

Agnes. Und das ist alles, was Ihr mir von ihm melden sollt? Nur, um mir das zu sagen, habt Ihr die weite Reise gemacht?

Theobald. Nun, das gerade nicht! Ich hatte wohl auch noch einen anderen Grund!

Agnes. Und der – muß er mir Geheimnis bleiben?

Theobald. Ach, warum auch! Wir hören nun seit Jahren so allerlei, und da wollt' ich, da sollt' ich doch einmal sehen –

Agnes. Ob ich auch wirklich glücklich sei? Oh, wärt Ihr doch eine Stunde früher gekommen! Dann hättet Ihr mit eigenen Augen – – Doch nein, nein, es ist besser so! Und Ihr? In Augsburg?

Theobald. Wegen des Vaters braucht Ihr Euch nicht zu ängstigen! Gleich nachdem Ihr fort wart, baute er sich den neuen Ofen, an den er früher nie die Kosten wagen wollte, und das hat sich ihm belohnt.

Agnes. Ich danke Gott dafür!

Theobald. Er hat allerlei entdeckt, mehr als er zeigen darf, wenn er nicht noch ärger als Hexenmeister ins Geschrei kommen will. Dinge, sag ich Euch – es ist schade, daß Ihr sie nicht sehen könnt. Das wird nun so wieder mit ihm untergehen. Doch, es ist auch manches darunter, was er nicht zu verbergen braucht, und dabei steht er sich schon gut genug. Er könnte sich nun gern ein Gärtlein kaufen, wie Ihr es immer wünschtet.

Agnes. Und Ihr selbst, Theobald?

Theobald. Mir gibt er jetzt doppelten Lohn!

Agnes. Ach, das will ich nicht wissen!

Theobald. Nun, ich lache noch zuweilen über mich! Und das recht von Herzen, Ihr könnt mir's glauben! Noch vorhin, als ich den Herzog, Euren Gemahl, zu Pferd daherkommen sah. Freilich, das ist ein Mann! Und wie er Euch lieben muß, kann man schon daran sehen, daß er seine Leute so warten läßt, was doch gar nicht Ritterart ist! An denen kam ich bereits vor einer Stunde vorbei, und sie mußten schon lange stehen, denn sie waren höchst ungeduldig.

Agnes. Das ist ja nicht möglich! Er hat sie ja bei sich!

Theobald. Zehn oder Zwölf! Ich meine die übrigen!

Agnes. Die übrigen? Ei, er reitet ja nur zum Turnier und nimmt nicht einen Mann mehr mit!

4. Akt, 11. Szene

Theobald. Und doch sah ich eine Stunde von hier hinter dem Föhrenwald, wo die Hügel sich senken, einhundertundfunfzig oder zweihundert Gewappnete, den Fuß im Bügel, die Lanze in der Hand und das Gesicht gen Straubing gekehrt, als ob sie ihren Führer oder sonst etwas von dort erwarteten!

Agnes. Ich erschrecke. Wo?

Theobald. Ei, an der Münchner Straße!

Agnes. An der Münchner Straße? Er reitet nach Ingolstadt.

Theobald. Auch sprengte ein Geharnischter, der von hier kam, in wilder Hast an mir vorbei. Ich dachte, der sagte ihn an. Jetzt fällt's mir ein, daß er verkappt war!

Agnes. Das ist höchst verdächtig, das muß Törring wissen, das – Mein Gott, hört, der Burgwart stößt ins Horn, daß es zerspringt – Trompetengeschmetter von allen Seiten – ganz nah – immer näher – das ist nichts Gutes – das ist Herzog Ernst!

(Man hört das alles.)

Theobald. Es ist nichts Gutes! Geschrei! Waffengeklirr! Gilt das denn Euch? Kein Zweifel, man stürmt! Und sie sind schon aneinander.

(Man hört das alles.)

Agnes. Das ist nicht möglich! Das Schloß hat Mauern und Gräben.

ELFTE SZENE

Der Kastellan *(stürzt herein)*. Edle Frau – folgt mir in die Totengruft – mich schickt der Törring!

Agnes. Ich hoffe, er wird mich verteidigen.

Der Kastellan. Die Brücke – ein Verräter hat die Brücke niedergelassen oder gar nicht wiederaufgezogen, denn die Dummheit kann nicht so weit gehen. Die Feinde sind gleich hier! Wie soll er sie aufhalten!

Agnes. Nun, so sind's keine Mörder, und ich, was bin denn ich?

(Das Getöse kommt immer näher.)

Der Kastellan. Kommt, kommt, ich beschwör Euch! Wer weiß, ob sie Euch dort suchen!

Agnes. Theobald, geht Ihr mit ihm!

Theobald. Um eine Waffe zu holen, meint Ihr! Es wächst wohl auch eine auf'm Baum! *(Er reißt einen Ast ab.)*

ZWÖLFTE SZENE

Törring und Pappenheim treten kämpfend auf. Im Hintergrunde kämpfen Reisige und Burgknechte. Auch Preising wird sichtbar, aber ohne das Schwert zu ziehen.

Pappenheim. Ergebt Euch, Törring!
Törring. Ho!
Pappenheim. So nehmt! Ich hab Euch lange genug geschont!
Törring. Pah!
Pappenheim. War's nicht vom Besten?
Törring. Ei was! *(Er holt aus, fällt aber in die Knie.)* Doch! *(Zu Agnes hinüber.)* Edle Frau, Ihr seht – Was hilft's Euch?
Pappenheim *(beugt sich auf ihn nieder)*. Ihr habt's nicht anders gewollt!
Törring *(fällt um)*. Macht's Kreuz über mich! Freund oder – *(Er stirbt.)*
Theobald *(wirft den Ast weg, und stürzt auf Törring zu.)* Da erb ich was!
Agnes. Theobald!
Theobald. Weiß wohl, es ist ein Hochmut von mir! Aber – *(Er nimmt Törrings Schwert.)*
Pappenheim *(sich wendend)*. Wo ist die Hexe, um die ich dies edle Blut vergoß?
Agnes *(schreitet ihm entgegen)*. Wen sucht Ihr?
Pappenheim *(senkt unwillkürlich sein Schwert und greift an den Helm, dann schlägt er sich vor die Stirn)*. Teufel, was mach ich!
Theobald. Ihr Knechte, schart euch um eure Gebieterin! Sie hat gewiß jedem von euch Gutes getan!
Die Knechte *(scharen sich)*.
Pappenheim *(zu den Seinigen)*. Ergreift sie! Die ist's!
Theobald *(tritt vor Agnes)*. Solange ich lebe, geht's nicht!
Pappenheim. Was willst du?
Theobald. Es ist die Tochter meines Meisters!

4. Akt, 12. Szene

Pappenheim. Badergesell, kannst du zählen? Nieder mit ihm, wenn er nicht weichen will, und fort mit ihr!
Die Reisigen *(drängen sich um Agnes herum, aber mit Scheu, und ohne sie anzurühren, weil sie von ihrer Schönheit geblendet sind).* Ha! Ei! Die!
Pappenheim. Nun, was gafft ihr? Hat sie's euch schon angetan, wie dem armen Herzog, oder wollt ihr warten, bis ihr's weghabt? Laßt ihr nur Zeit, kuckt ihr nur in die gefährlichen schönen Augen, so läßt sie euch Borsten wachsen, statt der Haare, und Klauen, statt der Nägel! Ich dächte, ihr hättet genug von ihren Künsten gehört. Muß ich selbst den Schergendienst verrichten? *(Er dringt auf Agnes ein und will sie ergreifen.)*
Theobald *(schwingt das Schwert, wie ein Rad, um den Kopf herum, so daß Pappenheim sich nicht nähern kann).*
Pappenheim. Ei, dich soll ja – *(Er will Theobald durchstoßen.)*
Agnes *(wirft sich zwischen beide).* Schont ihn! Er denkt an meinen alten Vater! Ich folg Euch! Aber vergeßt nicht, es ist Herzog Albrechts Gemahlin, die Ihr in seinem eigenen Schloß überfallt!
Pappenheim *(will wieder auf Theobald eindringen).* Der Bursch hat mich – –
Preising *(rasch hervortretend).* Im Namen des Herzogs, meines Herrn, jedes Schwert in die Scheide!
Pappenheim *(indem er sein Schwert einsteckt).* Warum auch nicht! Ich soll sie nur fangen!
Agnes. Theobald, kehrt noch nicht nach Augsburg zurück! Dies kann das Ende nicht sein! *(Sie geht voran.)*
Pappenheim *(folgt ihr mit den Reisigen).*
Theobald *(will gleichfalls folgen, schlägt sich dann aber vor die Stirn).* Nein! Nach Ingolstadt! Zu ihm! Das erste Pferd, das ich unterwegs treffe, ist mein! *(Stürzt fort.)*
Preising. Gott gebe, daß sie jetzt auf mich höre! Noch kann ich sie vom Tode retten, und ich will's. *(Ab.)*

FÜNFTER AKT

Straubing.

ERSTE SZENE

Kerker.

Agnes. »Ingolstadt ist weit!« Es könnte mich verrückt machen, das schreckliche Wort! Ingolstadt ist keine vierundzwanzig Stunden von hier, und als Theobald eben vorbeistürzt, und der Marschall ihn mit vorgestreckter Lanze aufhält, sagt dieser Richter mit einem Blick auf mich: laßt ihn doch laufen, wohin er will, Ingolstadt ist weit! Wären keine vierundzwanzig Stunden mehr mein? Herr, mein Gott, so kannst Du mich nicht verlassen!

ZWEITE SZENE

Preising *(tritt ein)*.
Agnes *(ihm entgegen)*. Was bringt Ihr mir?
Preising. Was Ihr selbst wollt!
Agnes. Was ich selbst will? Oh, spottet meiner nicht! Ihr werdet mir die düstre Pforte nicht wieder öffnen, die man so fest hinter mir verriegelt hat!
Preising. Ich werde, wenn Ihr Euch fügt!
Agnes. Und was verlangt Ihr von mir?
Preising. Ich stehe hier für den Herzog von Bayern.
Agnes *(macht eine zurückweichende Bewegung)*.
Preising. Aber ich meine es redlich mit Euch, und auch mein erlauchter Gebieter ist nicht Euer Feind!
Agnes. Nicht mein Feind? Wie komm ich denn hieher?
Preising. Ihr wißt, wie's steht! Herzog Ernst ist alt, und sein Thron bleibt unbesetzt, wenn Gott ihn abruft, oder sein einziger Sohn muß ihn besteigen. Nun, Albrecht kann Euch nimmermehr mit hinaufnehmen, und da er sich von Euch nicht trennen will, so müßt Ihr Euch von ihm trennen!
Agnes. Ich mich von ihm! Eher von mir selbst!
Preising. Ihr müßt! Glaubt's mir, glaubt's einem Mann,

5. Akt, 2. Szene

der Euer Schicksal schon kennt, wie Gott, und es gern noch wenden möchte! Ihr könnt kein Mißtrauen in mich setzen; warum wär' ich gekommen, wenn Euer Los mir nicht am Herzen läge? Meines Arms bedurfte es doch gewiß nicht; Ihr habt's ja gesehen, wie überflüssig ich war, und welchen Gebrauch ich von meinem Schwert machte. Ich zog mit, weil Ihr mich erbarmtet; ich suche Euch jetzt im Kerker, im Vorhof des Todes, auf, weil ich allein noch helfen kann, doch ich wiederhol's Euch: Ihr müßt!

A g n e s. Ihr habt den armen Menschen gerettet, der vorhin sein Leben für mich wagte, ich muß glauben, daß Ihr's aufrichtig meint, aber Ihr seid ein Mann und wißt nicht, was Ihr fordert! Nein, nein! Das in Ewigkeit nicht!

P r e i s i n g. Nicht zu rasch, ich beschwör Euch! Wohl mag's ein schweres Opfer für Euch sein, doch wenn Ihr's verweigert, so wird man – könnt Ihr noch zweifeln nach allem, was heute geschah? – aus Euch selbst ein Opfer machen! Ja, ich gehe vielleicht schon weiter, als ich darf, indem ich Euch überhaupt noch eine Bedingung stelle, und tu's auf meine eigne Gefahr!

A g n e s. Ihr wollt mich erschrecken, aber es wird Euch nicht gelingen! *(Sie hält sich an einem Tisch.)* So leicht fürchte ich mich nicht, dies Zittern meiner Knie kommt noch von dem Überfall! Mein Gott, erst die Trompeten, dann die blutigen Schwerter und die Toten! Aber für mich besorg ich nichts, ich bin ja nicht in Räuberhänden, und Herzog Ernst ist ebenso gerecht, als streng! *(Sie setzt sich.)* Seht mich nicht so an, mir ward jetzt so wunderlich, weil der tote Törring mir auf einmal vor die Seele trat, es ist schon wieder vorüber. *(Sie erhebt sich wieder.)* Was könnte mir auch wohl widerfahren! Ist doch selbst ein Missetäter, solange der Richter ihn noch nicht verurteilt hat, in seinem Kerker so sicher, als ob die Engel Gottes ihn bewachten, und ich habe den meinigen noch nicht einmal erblickt! Nein, nein, so hat mein Gemahl nicht von seinem Vater gesprochen, daß ich dies glauben dürfte! Doch, wenn's auch so wäre, wenn der Tod – es ist unmöglich, ich weiß es, ganz unmöglich – aber wenn er wirklich schon vor der Tür stände und meine Worte zählte: ich könnte nimmermehr anders!

P r e i s i n g. Der Tod steht vor der Tür, er kommt, wenn ich gehe, ja er wird anklopfen, wenn ich zu lange säume!

Schaut einmal durchs Gitter zur Brücke hinüber! Was seht Ihr?

Agnes. Das Volk drängt sich, einige heben die Hände zum Himmel empor, andere starren in die Donau hinab, es liegt doch keiner darin?

Preising *(mit einem Blick auf sie)*. Noch nicht!

Agnes. Allmächtiger Gott! Versteh ich Euch?

Preising *(nickt)*.

Agnes. Und was hab ich verbrochen?

Preising *(hebt das Todesurteil in die Höhe)*. Die Ordnung der Welt gestört, Vater und Sohn entzweit, dem Volk seinen Fürsten entfremdet, einen Zustand herbeigeführt, in dem nicht mehr nach Schuld und Unschuld, nur noch nach Ursach' und Wirkung gefragt werden kann! So sprechen Eure Richter, denn das Schicksal, das Euch bevorsteht, wurde schon vor Jahren von Männern ohne Furcht und ohne Tadel über Euch verhängt, und Gott selbst hat den harten Spruch bestätigt, da er den jungen Prinzen zu sich rief, der die Vollziehung allein aufhielt. Ihr schaudert, sucht Euch nicht länger zu täuschen, so ist's! Und wenn's einen Edelstein gäbe, kostbarer, wie sie alle zusammen, die in den Kronen der Könige funkeln und in den Schachten der Berge ruhen, aber ebendarum auch ringsum die wildesten Leidenschaften entzündend und Gute, wie Böse, zu Raub, Mord und Totschlag verlockend: dürfte der einzige, der noch ungeblendet blieb, ihn nicht mit fester Hand ergreifen und ins Meer hinunterschleudern, um den allgemeinen Untergang abzuwenden? Das ist Euer Fall, erwägt's und bedenkt Euch, ich frage zum letzten Mal!

Agnes. Erwägt auch Ihr, ob Ihr nicht verlangt, was mehr als Tod ist! Ich entsage meinem Gemahl nicht, ich kann's und darf's nicht. Bin ich denn selbst noch, die ich war? Hab ich bloß empfangen? Hab ich nicht auch gegeben? Sind wir nicht eins, unzertrennlich eins durch Geben und Nehmen, wie Leib und Seele? Aber ich verbürge mich für ihn, daß er dem Thron entsagt! Fürchtet nicht, daß ich verspreche, was er nicht halten wird! Ich hab's aus seinem eignen Munde, wie ein Zauberwort für die höchste Gefahr! Zwar glaubte ich längst nicht mehr, daß ich's noch brauchen würde, aber diese Stunde hat's mir entrissen, und nun braucht's, wie Ihr wollt!

5. Akt, 2. Szene

Preising. Das rettet Euch nicht mehr! Herzog Albrecht kann die angestammte Majestät sowenig ablegen, als Euch damit bekleiden, sie ist unzertrennlich mit ihm verbunden, wie die Schönheit, die ihn fesselt, mit Euch. Will er's nicht seinen Segen nennen, so nenne er's seinen Fluch, aber er gehört seinem Volk und muß auf den Thron steigen, wie Ihr ins Grab. Euch rettet's nur noch, wenn Ihr Eure Ehe für eine sündliche erklärt und augenblicklich den Schleier nehmt.

Agnes. Wie mild ist Herzog Ernst! Der will doch nur mein Leben! Ihr wollt mehr! Ja, ja, das braucht' ich bloß zu tun, so wär' ich für ihn, wie nie dagewesen; ich selbst hätte mein Andenken in seiner Seele ausgelöscht, und er müßte erröten, mich je geliebt zu haben! Mein Albrecht, deine Agnes dich abschwören! O Gott, wie reich komm ich mir in meiner Armut jetzt auf einmal wieder vor, wie stark in meiner Ohnmacht! Diesen Schmerz kann ich doch noch von ihm abwenden! Das kann mir doch kein Herzog gebieten! Nun zittre ich wirklich nicht mehr!

Preising. Oh, daß Euer alter Vater neben mir stände und mich unterstützte! Daß er spräche: mein Kind, warum willst du einen Platz nicht freiwillig wiederaufgeben, den du doch nur gezwungen einnahmst? Denn ich weiß ja, daß dies Euer Fall war!

Agnes. Gezwungen? So also wird meine Angst, mein Zittern und Zagen ausgelegt? Oh, wenn Ihr mir Euer Mitleid geschenkt habt, weil Ihr das glaubt, so nehmt's zurück und quält mich nicht länger, ich habe keinen Anspruch darauf. Nein, nein, ich wurde nicht gezwungen! So gewiß ich ihn eher erblickt habe, als er mich, so gewiß habe ich ihn auch eher geliebt, und das war gleich, als ob's immer gewesen wäre und in alle Ewigkeit nicht wiederaufhören könne. Darum keine Anklage gegen ihn, ich war früher schuldig, als er! Nie zwar hätt' ich's verraten, ich hätte vielleicht nicht zum zweiten Mal zu ihm hinübergeschaut, sondern im stillen mein Herz erdrückt und unter Lachen und Weinen ein Gelübde getan. Ach, ich schämte mich vor Gott und vor mir selbst, mir war, als ob mein eignes Blut mir über den Kopf liefe, ich erwiderte ein Lächeln des armen Theobald, um mir recht weh zu tun. Doch, als er nun am Abend zu mir herantrat, da wandte ich mich zuerst freilich auch noch ab, aber nur, wie ein Mensch, der in

den Himmel eintreten soll und weiß, daß er dem Tode die
Schuld noch nicht bezahlt hat! Wenn ein Engel den mit
sanfter Gewalt über die Schwelle nötigt: hat er ihn gezwungen?

Preising. So ist es Euer letztes Wort?

DRITTE SZENE

*Die Türe wird geöffnet, man erblickt Häscher und Reisige,
die jedoch draußen bleiben, es tritt ein: Emeran Nusperger
zu Kalmperg und bleibt am Eingang stehen.*

Agnes *(ihm entgegen).* Herr Emeran, hätte mein Gemahl
je erfahren, was ich von Euch wußte, Ihr lebtet nicht, um
mich zu verderben! Er haßte Euch schon ohne Grund, wie
keinen auf der Welt, ich hätt' ihm wohl einen Grund an-
geben können, aber ich tat's nicht! Sinnt nach, und wenn
Ihr ein Mensch seid, so muß sich in Eurer Brust jetzt etwas
für mich regen!

Emeran Nusperger zu Kalmperg *(schweigt).*

Agnes. Herr Emeran, bin ich auf ehrliche Weise in Eure
Hand gefallen? Bedenkt, wohin Ihr mich ohne Vorberei-
tung schickt, laßt mir noch etwas Zeit, und Gott soll's
Euch verzeihen, daß Ihr einen Judas mehr gemacht habt,
ich will selbst für Euch bitten!

Emeran Nusperger zu Kalmperg *(schweigt).*

Agnes. Herr Emeran, wie ich in diesem Augenblick zu
Euch, so werdet Ihr dereinst zu Gott um eine kurze Frist
flehen, und er wird Euch antworten, wie Ihr mir! Seht
mich an, wie jung ich noch bin, und gebt mir von jedem
Jahr, das Ihr mir raubt, nur eine Minute zurück! Könnt
Ihr mir's weigern? Ich will ja nur von mir selbst Abschied
nehmen!

Preising. Ihr verlangt von ihm, was er nicht gewähren
kann! Er weiß von Eurem Knecht, daß Ihr gestern zur
Nacht erst gebeichtet habt, und die Stunde drängt! Auch
ist die eine ebenso schwarz, wie die andere, glaubt's mir!
Aber willigt ein und –

Agnes. Hebe Dich von mir, Versucher!

Emeran Nusperger zu Kalmperg *(winkt einem
Häscher).*

Ein Häscher *(tritt herein und nähert sich Agnes).*

Agnes. Fort, Mensch! Willst du deine Hand an die legen, die noch keiner, als dein Herzog, berührt hat? Nur dem Totengräber kann ich's nicht mehr wehren! *(Sie schreitet zur Tür, bleibt dann aber stehen).* Albrecht, Albrecht, was wirst du empfinden!

Preising. Ja! Ja! Und Ihr wollt diesen Stachel lieber in seine Seele drücken, als – – Noch ist's Zeit!

Agnes. Fragt ihn, wenn ich dahin bin, ob er lieber eine Unwürdige verfluchen, als eine Tote beweinen möchte! Ich kenne seine Antwort! Nein, nein, Ihr bringt Euer Opfer nicht so weit, daß es sich selbst befleckt. Rein war mein erster Hauch, rein soll auch mein letzter sein! Tut mir, wie Ihr müßt und dürft, ich will's leiden! Bald weiß ich, ob's mit Recht geschah!

(Sie schreitet durch die Häscher hindurch, Preising und Emeran Nusperger zu Kalmperg folgen.)

Offenes Feld.

VIERTE SZENE

Herzog Ernst mit seinen Rittern und Reisigen, die man ziehen und sich ausbreiten sieht. Bauerhütten, wovon eine ganz in der Nähe ist.

Ernst *(tritt mit Wolfram von Pienzenau, Ignaz von Seyboltstorff und Otto von Bern hervor).*

Ernst. Ihr, Pienzenau, reitet zu Haydeck! Er soll so weit vorwärtsgehen, als er kann! Ich muß hier haltmachen und auf den Kanzler warten.

Wolfram von Pienzenau *(ab).*

Ernst. Ihr, Seyboltstorff, schwenkt Euch gegen Straubing, und besetzt die Hügelkette!

Ignaz von Seyboltstorff *(ab).*

Ernst. Ihr, Bern, seht nach Euren Reitern und bleibt nüchtern, damit die auch nüchtern bleiben. *(Wie Bern sprechen will.)* Ich weiß wohl, daß Ihr behauptet, des Morgens immer benebelt aufzustehen und Euch den Verstand erst nach und nach anzutrinken, wie andere Leute den Rausch, aber ich halte nichts davon, und ich muß Euch heute zur Hand haben, wie mein Schwert!

Otto von Bern *(ab).*

FÜNFTE SZENE

E r n s t. Eine Bauerhütte! Ich will doch einmal sehen, wie die Leute leben! *(Er geht auf die Hütte zu, findet sie aber verschlossen.)* Zu! Alles auf'm Felde bei der Arbeit. Wer kocht denn Essen? Oder hab ich sie schon verjagt? *(Er kommt zurück.)* Wenn's geglückt ist, muß die Nachricht jeden Augenblick kommen! Dies ist das erste Mal, daß mir die Zeit lang wird. – Ernst, frevle nicht! Wer weiß, welcher Schatten jetzt schon zwischen Himmel und Erde umherirrt!

SECHSTE SZENE

P r e i s i n g *(tritt mit Pappenheim auf)*. Hier soll er sein!
E r n s t *(ihnen entgegen)*. Ihr Preising? Nun?
P r e i s i n g. Tot!
E r n s t. So sei Gott ihr gnädig! – Pappenheim, Ihr müßt gleich wieder aufsitzen und Euch mit Pienzenau vereinigen, um Haydeck zu stärken. Der hat den ersten Stoß zu erwarten, wenn's was gibt!
P a p p e n h e i m *(ab)*.
E r n s t. Wie starb sie?
P r e i s i n g. Hat sie sich Euch um die elfte Stunde nicht angezeigt?
E r n s t. Das versteh ich nicht!
P r e i s i n g. Da war's! Der Henker versagte den Dienst, Herr Emeran mußte einen seiner Hörigen entlassen, der stürzte sie von der Brücke herab. Erst schien's, als ob sie aus Angst vor der Befleckung durch seine Hände freiwillig hinunterspringen wollte, doch dann kam die Furcht des Todes über sie, ihr schwindelte, und er mußte sie packen. Das Volk hätte ihn gern gesteinigt, und doch wußte jeder, daß der jämmerliche Mensch es nur für seine Freiheit tat. Nicht um die Welt möcht' ich's zum zweiten Mal sehen.
E r n s t. Genug, Preising! Es gibt Dinge, die man, wie im Schlaf tun muß. Dies gehört dazu. Das große Rad ging über sie weg – nun ist sie bei dem, der's dreht. Jetzt handelt sich's denn um ihn!
P r e i s i n g. Oh, er wird's schon wissen! Es war gerade

5. Akt, 6. Szene

einer aus Augsburg auf dem Schloß, als Pappenheim eindrang, ein braver Bursch, der sich wacker hielt. Der eilte fort, als sie in den Kerker geführt wurde, und gewiß nach Ingolstadt. Es war ein Bote ihres Vaters!

Ernst. Armer, alter Mann! Nun ich setzte mein eigen Fleisch und Blut ebensogut ein, wie das deine! Wer weiß, ob unser Los nicht schon gleich ist!

Preising. Und dann?

Ernst. Dann werde, was will! Ich habe das Meinige getan und sorge für die Gräber. Aber es kann auch anders kommen. Der Fürst schlief nur in ihm, er war nicht tot. Warum hätt' er sonst nicht entsagt? Warum so auf dies Turnier gedrungen? Vielleicht erwacht er wieder, und dann – Es ist töricht, mit den gemeinen Leuten von Zauberei zu reden, wo ein Gesicht, das unser Herrgott zweimal angestrichen hat, alles erklärt, aber es ändert sich viel, wenn Himmel und Erde sich erst einmal wieder in solch ein Blendwerk von Mädchen geteilt haben, und nur noch ein Leichnam daliegt, der nicht mehr durch rote Lippen und frische Wangen an die Eitelkeiten der Welt, nur noch durch gebrochene Augen an die letzten Dinge mahnt!

Preising. Da brennt's! Oder nicht? Ja! ja!
(Man sieht in der Ferne ein Dorf in Flammen stehen.)

Ernst. Das ist er! So hat die Wut den Schmerz besiegt! Nun wird alles gut! *(Rufend.)* Nur zu, mein Sohn, nur zu! Je ärger, je besser!

Preising. Aber das wolltet Ihr ja eben verhüten!

Ernst. Ei, jetzt ist's ein Tag! Was in dem zerstört wird, bau ich schon wieder auf! Und verlaßt Euch darauf, der Kaiser hat seinen Adler schon fliegen lassen, und der wird ihm die Krallen zeigen, eh' er's denkt! Und dann – *(Er erhebt seinen Herzogsstab.)* Preising, Ihr werdet heut noch überrascht! *(Da Preising sprechen will.)* Kommt, kommt, zu Pferde! *(Er ruft.)* Otto von Bern!
(Ab mit Preising.)

SIEBENTE SZENE

Bauern, Männer, Weiber und Kinder tumultuarisch durcheinander rennend und schreiend.

Einige. Der Böhme! Der Böhme!
Andere. Der Kaiser!
Andere. Ingolstadt und Landshut!
Alle. Alle zusammen! Alle zusammen! Weh uns! Wohin?

ACHTE SZENE

Albrecht erscheint mit vielen Kämpfenden, worunter sich auch Theobald befindet.

Albrecht *(er tut bei jedem Ausruf einen Streich).* Agnes Bernauer! Agnes Bernauer! Hei, daß ihr's wißt, eh' ihr umfallt, der Tod heißt heute Agnes Bernauer und kennt kein Erbarmen! Kein Geschlecht in Bayern, hoch oder niedrig, das morgen nicht weinen soll! Da liegt ein Haydeck, da ein Pienzenau, da ein Seyboltstorff! Aber noch immer lebt Pappenheim! Pappenheim, wo bist du? Räuber, Verräter, Schurke, versteckst du dich? Ihr alle, ruft mit mir, daß es über die ganze Erde schallt: Pappenheim, Räuber, Verräter, Schurke, hervor!
Pappenheim *(tritt auf).* Wer sucht mich?
Albrecht. Ich und der Teufel, wir beide zugleich! Aber erst komm ich! Zieh und laß sehen, ob ein ehrlich Eisen dir noch dient! *(Er wirft Pappenheim zurück.)*
Theobald *(tritt hervor).* Und ich? Ha, ha, ha! ich glaube, ich fürchte mich, es wird mir ganz schwarz vor den Augen. Ei, ich mach sie zu und steche darauf los! Bring ich keinen um, so reiz ich doch wohl einen, daß er mich umbringt!
Albrecht *(tritt wieder auf).* Abgetan! Was nun? Oh, daß man mir ihn wieder lebendig machte, und daß ich ihn mit jedem Atemzug einmal niederhauen dürfte, von heute an bis zum Anbruch des Jüngsten Gerichts.
Theobald *(tritt vor Albrecht hin).* Haut mich nieder!
Albrecht. Dich? Wofür? Ei, du bist's? Was fällt dir ein!
Theobald. Meint Ihr, daß ich mit einer solchen Nachricht nach Augsburg zurück will?
Albrecht. Guter, treuer Mensch, bleib bei mir!

5. Akt, 8. Szene

Theobald. Bei Euch? Bei Euch! Ha! Wenn Ihr nicht gewesen wärt – Da! *(Er sticht nach Albrecht.)* Der kommt auch von Agnes Bernauer! Und der! Und der!

Albrecht *(wehrt ab)*. Bist du verrückt? Gib mir lieber die Hand! Du bringst mich nicht so weit, daß ich dir ein Leid zufüge!

Theobald *(sticht wieder nach ihm)*. Ihr sollt aber!

Albrecht. So muß ich schon tun, was ich noch nie tat! *(Er wendet ihm den Rücken.)* Wem gehört denn das rote Gesicht? Das ist ein Degenberg, und an dem fehlt's noch! *(Stürzt fort.)*

Theobald. Alles soll sterben, alles, Freund und Feind! *(Er wirft sich seinem eignen Trupp entgegen, der Albrecht folgen will.)* Wohin? Halt! *(Er wird durchbohrt.)* So! Nun ist's genug! *(Fällt und stirbt.)*

Nothhafft von Wernberg *(tritt auf)*. Sieg! Sieg! Wo ist der Herzog? Albrecht, sie laufen vor uns, als ob wir mehr als Menschen wären!

Albrecht. Aber sie sollen liegen! Ich will die Donau, die sie erstickt hat, mit Leichen wieder ersticken!

Nothhafft von Wernberg. Der im Bart wirft sich auf Straubing, Ihr sollt's betrachten, als ob er's schon hätte!

Albrecht. Daß er mir den Richter bloß fängt, und ihm kein Leid zufügt! In dessen Blut will ich mir den letzten Rausch trinken!

Rolf von Frauenhoven *(tritt auf)*. Hurra! Hurra! Nun ist's aus! Wir haben ihn! *(Zu Albrecht, wie er ihn bemerkt.)* Wir haben Euren Vater, Ihr könnt ihm gleich guten Tag sagen! Eben ward er gepackt!

Albrecht. Wer hat das befohlen?

Frauenhoven. Wer hat's verboten? Seine eignen Leute rannten ihn über den Haufen, als er sich ihrer Flucht in den Weg stellte, und Hans von Läubelfing – Da bringt er ihn mit dem Kanzler! Seht!

Albrecht *(wendet sich nach der entgegengesetzten Seite)*. Er soll ihn freilassen! Gleich!

Nothhafft von Wernberg. Ei, das kommt wohl morgen auch früh genug!

Albrecht. Gleich! sage ich. Mensch, fühlst du's denn nicht auch?

Nothhafft von Wernberg. Eh' er Urfehde geschworen und uns wenigstens die Köpfe gesichert hat?

Albrecht *(stampft mit dem Fuß)*. Gleich! Gleich! Gleich!
Nothhafft von Wernberg. So sagt's ihm selbst!

NEUNTE SZENE

Ernst tritt mit Preising auf, von Hans von Läubelfing und seiner Schar begleitet.

Ernst. Da steht mein Sohn! Wenn der den Degen seines Vaters will, hier ist er!

Albrecht. Ihr habt mir bei Alling das Leben gerettet! *(Mit einer Handbewegung.)* Fort! Fort!

Ernst. Ich tat bei Alling, was ich schuldig war, und begehre keinen Dank dafür!

Albrecht *(indem er sich umkehrt)*. So komme diese Stunde über Euer Haupt! *(Er bemerkt Preising.)* Ha, da ist noch einer! Herr Kanzler, Ihr seid frei, Ihr mögt wollen oder nicht! Aber nur, um Eurem Gefährten, dem Marschall, gleich in die Hölle nachgeschickt zu werden! *(Er zieht gegen Preising.)* Oh, wär' auch der dritte da!

Ernst. Pfui! Willst du dich am Diener rächen, statt am Herrn? Mein Kanzler vollzog nur meinen Befehl, und ich mußte ihn zweimal geben, eh' er's tat!

Albrecht. So seid Ihr's wirklich allein? Ganz allein? So kann ich mich an niemanden halten, als an Euch? Und Ihr tretet mir noch in den Weg? Ihr weicht mir nicht aus?

Ernst. Warum sollt' ich? Ich habe meine Pflicht getan, in Straubing, wie in Alling, oder in Regensburg!

Albrecht. Eure Pflicht! Gott hat Euch in meine Hand gegeben! Zeugt er so für den, der seine Pflicht tat?

Ernst. Gott will dich versuchen! Hab wohl acht, daß du vor ihm bestehst! Er hat noch nie auf zwei Menschen herabgeschaut, wie jetzt auf dich und mich! *(Er tritt Albrecht näher.)* Mein Sohn, du hast dich mit meinem ärgsten Feind verbunden, mit deinem falschen Ohm, der dir zwar gern die Brandfackel vorantrug, als es galt, mein unschuldiges Land zu verheeren, der dir aber nicht das Schwert aus der Hand gerissen haben würde, wenn du es gegen dich selbst gezückt hättest! Kehre zu mir zurück, es ist besser. Ich mußte tun, was ich tat, du wirst es selbst dereinst begreifen, und wär's erst in deiner letzten Stunde, aber ich kann auch mit dir weinen, denn ich fasse deinen Schmerz!

5. Akt, 9. Szene

Albrecht. Oh, sprecht nicht so! Laßt mich glauben, daß Ihr nicht mehr davon wißt, als der kalte Fluß, der sie verschlungen hat. Wenn ich Euch nicht fluchen soll, muß ich mir denken: ein neuer Tod ist in die Welt gekommen, um den alten abzulösen, und das ist dein eigner Vater! Ein Mensch konnte ihr kein Leid zufügen; nicht bei Tage, denn er hätte sie gesehen, nicht bei Nacht, denn er hätte sie gehört, und nur eins von beidem war nötig, um jeden zu entwaffnen! Sagt: ich bin kein Mensch und schickte auch keine Menschen, dann will ich mich vor Euch bekreuzen und fliehn!

Ernst. Ich bin ein Mensch, und hätt's wohl verdient, daß es mir erspart worden wäre. Aber wenn du dich wider göttliche und menschliche Ordnung empörst: ich bin gesetzt, sie aufrechtzuerhalten, und darf nicht fragen, was es mich kostet!

Albrecht. Göttliche und menschliche Ordnung! Ha, ha! Als ob's zwei Regenbogen wären, die man zusammengefügt und als funkelnden Zauberring um die Welt gelegt hätte! Aber die göttliche Ordnung rief sie ins Leben und ließ sie aus dem Staube hervorgehen, damit sie wieder erhöhe, was sich selbst erniedrigt, und erniedrige, was sich selbst erhöht hatte. Die menschliche – – *(Er tritt Ernst näher.)* Die menschliche – – *(Er wendet sich rasch um gegen die Seinigen.)* Vorwärts, Ihr Freunde, vorwärts, wer wird schon am Mittag feiern! Herzog Ernst ist frei, niemand krümme ihm ein Haar, er kann keine Agnes mehr töten, aber rasten wollen wir erst, wenn sein München in Flammen steht! *(Will fort.)*

Ernst. Recht so! Dann wird der Bayer sie doch gewiß verfluchen, sonst hätt' er sie vielleicht beweint. Ihre Brüder sind's, die du erwürgst, nicht die meinigen, und ob du die ganze Menschheit abschlachtest: in ihren Adern wird nicht ein Blutstropfe wieder warm davon! Aber dahin kannst du's bringen, daß ihr eigener Vater die Stunde vermaledeit, in der sie ihm geboren ward, und daß sie selbst sich aus dem Paradies, wenn sie's schon betreten hat, schaudernd und schamrot wieder hinausstiehlt, die erste und letzte, die's tut, ohne verdammt zu sein!

Albrecht *(hält inne und senkt sein Schwert).*
(Man hört Trompeten in der Ferne.)

Ernst. Das ist Ludwig von Ingolstadt! Der Würgengel

wird ungeduldig! Folgt ihm doch, niemand kann besser zerstören, was ein andrer baute, als er! Aber laßt euch alle mahnen: es ist einer über euch im Himmel und auch auf Erden, und beide werden furchtbar mit euch ins Gericht gehen!

(Die Trompeten nähern sich.)

Stimmen. Platz! Platz dem Banner des Reichs!
Andere Stimmen. Ein Herold!

ZEHNTE SZENE

Der Herold des Reichs tritt mit Gefolge auf, das Banner wird vor ihm hergetragen.

Der Herold *(schwingt nach allen Weltgegenden sein Schwert).* Bei Acht und Bann, kein blankes Schwert, als dies!
Alle Ritter *(bis auf Albrecht stecken die Schwerter ein).*
Der Herold. Albrecht von Wittelsbach, Herzog von Bayern, erscheint vor Kaiser und Reich!
Albrecht *(tritt zögernd heran und steckt langsam sein Schwert ein).* Ist hier die Schranke?
Der Herold. Sie ist überall, wo die Acht verkündet werden soll!
Nothhafft von Wernberg und Frauenhoven. Die Acht! Ist's schon so weit!

(Posaunenstöße.)

Preising *(zu Ernst).* Was ist das noch?
Ernst. Mehr, als ich verlangte, fürcht ich!
Stimmen. Ein Legat! Ein Legat des Heiligen Stuhls!
Der Herold. Und mit ihm der Bann der Kirche!
Viele Stimmen *(von Rittern und Reisigen).* Acht und Bann zugleich! Da ist's Zeit! *(Sie werfen die Waffen von sich.)*
Der Legat *(tritt mit Gefolge auf, eine brennende Kerze wird vor ihm hergetragen, er stellt sich zur rechten Hand des Herolds).*
Der Herold *(entfaltet die Achterklärung).* Wir Sigismund, von Gottes Gnaden erwählter römischer Kaiser, König von Ungarn, Böheim, Dalmatien, Slawonien und Bosnien, Markgraf von Mähren und Schlesien, Kurfürst

5. Akt, 10. Szene

von Brandenburg usw., Schirmvogt der Kirche, höchster Schiedsrichter auf Erden, tun kund hiemit: Nachdem Du, Albrecht von Wittelsbach, allbereits vor dritthalb Jahren zu Regensburg in offenem Aufstand den Frieden des Reichs gebrochen und schwere Acht auf Dein Haupt herabgezogen hast, die Wir damals, obgleich schon verhängt, auf Fürbitte Deines fürstlichen Herrn und Vaters noch zurückhielten; nachdem Du weiter, unwürdig solcher Fürbitte und Unserer Gnade, in Deinem Trotz wider menschliche und göttliche Ordnung beharrtest, anstatt, Unserer gerechten Erwartung gemäß, in reuiger Unterwürfigkeit Versöhnung und Vergebung zu suchen; nachdem Du endlich, um das Maß Deiner Frevel zu häufen, Unsere Langmut aber bis auf den Grund zu erschöpfen, zum zweiten Mal mit blanker Waffe rebellisch im Felde erschienen bist: So gebieten Wir Dir durch diesen Unseren offenen Brief, daß Du angesichts desselben Dein Schwert auf der Stelle zu den Füßen Deines Herrn und Vaters niederlegen und als sein freiwilliger Gefangener Unseren letzten Spruch in Demut abwarten sollst. – *(Er setzt ab und sieht Albrecht an.)*

Albrecht *(bohrt sein Schwert in die Erde und stützt sich darauf.)*

Der Herold *(fährt fort)*. Widrigenfalls setzen Wir Dich nunmehr aus Kaiserlicher Machtvollkommenheit aus dem Frieden in den Unfrieden, weisen Dich hinaus auf die vier Straßen der Welt und erklären Dich für vogelfrei –

Ernst. Willst du noch mehr hören, mein Sohn? Sag nein, und ich erhebe meinen Herzogsstab!

Frauenhoven. Jetzt kommt das von den Tieren des Waldes und den Vögeln unter dem Himmel und den Fischen im Wasser!

Nothhafft von Wernberg. Schau dich um! Sie gehen alle hinter sich! Keiner wird's mit dir tragen, als wir!

Albrecht. Wie sollten sie auch! Fangen doch die Berge zu wandeln an, um mich zu bedecken!

Ernst. Soll auch die Kirche den Mund noch öffnen? Soll die Kerze ausgelöscht, soll deine Seele dem ewigen Fluch übergeben, dein Name im Buch des Lebens getilgt werden?

Albrecht *(zu Nothhafft von Wernberg und Frauenhoven)*. Geht von mir, daß ich antworten kann!

Frauenhoven. Haben wir das um Euch verdient? Teufel, es brennt!

Albrecht. Soll ich mich vor der Gewalt demütigen, weil ihr neben mir steht? Mich mag sie noch heute zermalmen!

Ernst. Gewalt? Wenn das Gewalt ist, was du erleidest, so ist es eine Gewalt, die alle deine Väter dir antun, eine Gewalt, die sie selbst sich aufgeladen und ein halbes Jahrtausend lang ohne Murren ertragen haben, und das ist die Gewalt des Rechts! Weh dem, der einen Stein wider sie schleudert, er zerschmettert nicht sie, sondern sich selbst, denn der prallt ab und auf ihn zurück. Oder bin ich's, der zu dir redet, ist's nicht das ganze deutsche Reich?

Albrecht. Sei's so! Ich wußte nicht, daß der Tod darauf steht, eine Perle aufzuheben, statt sie zu zertreten, aber ich hab's getan und will's büßen. Heran, Bär und Wolf, schießt auf mich herab, Adler und Geier, und zerfleischt mich! Nicht mit der Hand will ich mich wehren, wenn ihr tut nach des Kaisers Gebot!

Ernst. Hast du solche Eil, vor deinem Richter zu erscheinen? Noch hat er diese Toten und ihre Wunden nicht gezählt, und du weißt so gewiß, wie er dich empfangen wird?

Albrecht. Oh, ihn fürcht ich nicht, er wird's schon vergeben, daß ich sein liebstes Kind bei der Hand gefaßt habe, er weiß ja, wie schön und edel er's gemacht hatte!

Ernst. Mein Sohn, geh in dich! Es ist wahr, du kannst deine Schuld vergrößern, du kannst dir den Tod ertrotzen, oder dich, wer will's hindern, hinterrücks aus der Welt wegstehlen, du kannst aber auch alles wiedergutmachen! Tu's, o tu's, fasse einen Entschluß, daß du vor deinen Ahnen nicht zu erröten brauchst, füge dich! Dies Schlachtfeld wird einst furchtbar wider dich zeugen, sie alle, die hier blutig und zerfetzt herumliegen, werden dich verklagen und sprechen: wir fielen, weil Herzog Albrecht raste! Weh Dir, wenn sich dann nicht eine viel größere Schar für dich erhebt und deine Ankläger zum Verstummen bringt, wenn nicht Millionen ausrufen: aber wir starben in Frieden, weil er sich selbst überwand! Denn das hängt davon ab, daß du lebst, davon ganz allein!

Albrecht. Die Unschuldige sollte modern, und ich – – Welch ein Schurke wär' ich, wenn ich auf Euch hörte!

Ernst. Du bist nicht, wie ein anderer, der die Gerechtigkeit dadurch versöhnen kann, daß er ihrem Schwert reuig den Hals darbietet, von dir verlangt sie das Gegenteil! Schau dies Banner an, es ist dein Bild und kann dich's lehren! Es ward aus demselben Faden gesponnen, woraus der letzte Reiter, der ihm folgt, sein Wams trägt, es wird einst zerfallen und im Wind zerstäuben, wie dies! Aber das deutsche Volk hat in tausend Schlachten unter ihm gesiegt, und wird noch in tausend Schlachten unter ihm siegen, darum kann nur ein Bube es zerzupfen, nur ein Narr es flicken wollen, statt sein Blut dafür zu verspritzen und jeden Fetzen heiligzuhalten! So ist's auch mit dem Fürsten, der es trägt. Wir Menschen in unsrer Bedürftigkeit können keinen Stern vom Himmel herunterreißen, um ihn auf die Standarte zu nageln, und der Cherub mit dem Flammenschwert, der uns aus dem Paradies in die Wüste hinausstieß, ist nicht bei uns geblieben, um über uns zu richten. Wir müssen das an sich Wertlose stempeln und ihm einen Wert beilegen, wir müssen den Staub über den Staub erhöhen, bis wir wieder vor dem stehen, der nicht Könige und Bettler, nur Gute und Böse kennt, und der seine Stellvertreter am strengsten zur Rechenschaft zieht. Weh dem, der diese Übereinkunft der Völker nicht versteht, Fluch dem, der sie nicht ehrt! So greife dann endlich auch in deine Brust, sprich: Vater, ich habe gesündigt im Himmel und vor dir, aber ich will's büßen, ich will leben!

A l b r e c h t. Hängt das von mir ab?

E r n s t. Dies Wort ist mir genug! Gott wird dich stärken, und deine Witwe selbst wird für dich beten!

A l b r e c h t. Meine Witwe!?

E r n s t. Was ich ihr im Leben versagen mußte, kann ich ihr im Tode gewähren, und ich tu es gern, denn ich weiß, daß sie's verdient! Deine Gemahlin konnte ich nicht anerkennen, deine Witwe will ich selbst bestatten und für ewige Zeiten an ihrem Grabe einen feierlichen Totendienst stiften, damit das reinste Opfer, das der Notwendigkeit im Lauf aller Jahrhunderte gefallen ist, nie im Andenken der Menschen erlösche!

A l b r e c h t. Ich will – Ich will, was ich noch kann! *(Gegen den Herold.)* Kaiserlicher Majestät meinen Respekt! *(Zu Ernst.)* Euch, mein Herr und Vater – *(Er will ihm das Schwert überreichen.)* Euch –

Ernst *(öffnet die Arme und schreitet ihm entgegen).*
Albrecht *(weicht zurück, und zieht).* Nein, nein! Die Hölle über mich, aber Blut für Blut!
Ernst. Halt! Erst nimm den da! *(Er reicht ihm den Herzogsstab, den Albrecht unwillkürlich faßt.)* Der macht dich zum Richter deines Vaters! Warum willst du sein Mörder werden!
Preising. Herzog!
Ernst. So war's beschlossen! Und nicht bloß des Feierabends wegen! Ich brauch sein Ja! Kann er's mir in seinem Gewissen weigern, so steht's schlimm um mich!
Albrecht. Mich schwindelt! Nimm ihn zurück! Er brennt mir in der Hand.
Ernst. Trag ihn *ein* Jahr in der Furcht des Herrn, wie ich! Kannst du mich dann nicht lossprechen, so ruf mich, und ich selbst will mich strafen, wie du's gebeutst! Im Kloster zu Andechs bin ich zu finden!
Albrecht *(will niederknien).* Vater, nicht vor Kaiser und Reich, aber vor dir!
Ernst. Wart! wart! Mein Tagewerk war schwer, aber vielleicht leb ich noch übers Jahr! *(Geht; zu Preising, als er folgen will.)* Bleibt! An *einem* Mönch ist's genug!

ZUR ENTSTEHUNG VON HEBBELS
»AGNES BERNAUER«

Als »*Idee zu einer Tragödie*« notierte Hebbel Anfang 1845 in Rom in sein Tagebuch: »*Ein wunderschönes Mädchen, noch unbekannt mit der Gewalt ihrer Reize, tritt ins Leben ein aus klösterlicher Abgeschiedenheit. Alles schart sich um sie zusammen, Brüder entzweien sich auf Tod und Leben, Freundschaftsbande zerreißen, ihre eigenen Freundinnen, neidisch oder durch Untreue ihrer Anbeter verletzt, verlassen sie. Sie liebt einen, dessen Bruder seinem Leben nachzustellen anfängt, da schaudert sie vor sich selbst und tritt ins Kloster zurück*« (3286).

In diesem Gedanken dürfte für Hebbel der erste Keim zur Behandlung eines Stoffes wie »Agnes Bernauer« liegen. Ein anderer Gedanke tritt hinzu: die Tragik des Königtums, sich äußernd in Überlegungen, »*wie ein sterblicher Mensch sich zu der Idee erhebt, ein Gott zu sein*« (3470), wie ein König »*sich seiner Würde begibt, weil sie ihm Gelegenheit verschafft hatte, etwas Fürchterliches zu tun*« (3499), weil er »*ihre negativen Seiten kennenlernte*« (3832) – so ebenfalls in den Jahren 1845/46 in den Tagebüchern notiert.

Beide Problembereiche konzentrieren sich dann auf die Geschichte von Agnes Bernauer, wobei wir nicht wissen, wie Hebbel auf diesen Stoff aufmerksam wurde. Er hat einige Quellenschriften dazu studiert, vor allem um sich aus der Überlieferung mit der Zeit und den historischen Personen bekannt zu machen, zumal er auf das Altdeutsche bei diesem Stoff besonderen Wert legte.

Die Liebesgeschichte des jugendlichen Albrecht III. von Bayern-München und der Augsburger Baderstochter Agnes Bernauer wurde zuerst in J. Trittheims »Annales Hiersaugienses« (1514) und Werlichius' »Chronica der Stadt Augspurg« (1515), später in J. H. v. Falkensteins »Geschichte des großen Herzogtums Bayern« berichtet. Ein Volkslied, ebenfalls schon im 16. Jahrhundert erwähnt, ist uns in einer Fassung des 18. Jahrhunderts erhalten. Als literarischer Entdecker des Stoffes hat Hofmann von Hofmannswaldau zu gelten, der in seinen Heldenbriefen (1673) auch »Herzog Ungenand und Agnes Bernin« miteinander sprechen läßt. Die Verarbeitung zu einer »Rittergeschichte« 1767 durch Paul von Stetten machte das Thema der illegitimen Liebesbeziehung zwischen dem Herzog und der Baderstochter dann für das Sturm und Drang interessant, 1780 dramatisierte Joseph August v. Törring den Agnes-Bernauer-Stoff zu einem »Vaterländischen Schauspiel«. Diese Dramatisierung vor allem hat Hebbel gekannt, und er hat teilweise auch aus Unzufriedenheit mit Törrings Fassung sein Drama entworfen.

Die Arbeit an »Agnes Bernauer« begann Hebbel am 22. September 1851. Sie schritt rasch voran; schon am 30. September notiert er in sein Tagebuch: »*Eben, abends um 8 Uhr, schließe ich den ersten Akt der ›Agnes Bernauer‹, den ich vor acht Tagen begann. Längst hatte ich die Idee, auch die Schönheit einmal von der tragischen, den Untergang durch sich selbst bedingenden Seite darzustellen, und die Agnes Bernauerin ist dazu wie gefunden*« (4941). Am 1. November heißt es »*Den 4. Akt der ›Agn. B.‹ begonnen. Das Stück steigert sich sehr und durch die einfachsten Motive*« (4963); am 17. Dezember: »*Den 5. Akt der ›Agn. B.‹ geschlossen. Zufrieden*« (4966).

Unterm 24. Dezember schreibt er noch einmal: »*Erst jetzt, am Weihnachtsabend, kann ich sagen: ›Agnes Bernauer‹ ist fertig, so lange habe ich doch noch Ratten- und Mäuselöcher zu verstopfen gehabt. Nun, das ist bei alledem doch rasch genug gegangen: in drei Monaten ein solches Stück zustande zu bringen, will etwas heißen. Mir ist bei der Arbeit unendlich wohl zumute gewesen, und abermals hat sich's mir bestätigt, was ich freilich schon oft an mir selbst erfuhr, daß in der Kunst das Kind den Vater, das Werk den Meister belehrt. Nie habe ich das Verhältnis, worin das Individuum zum Staat steht, so deutlich erkannt wie jetzt, und das ist doch ein großer Gewinn. Nun bin ich auf die Theaterdirektionen und die Kritiker begierig*« (4982).

Schon vor der Vollendung hatte Hebbel am 12. Dezember 1851 an Dingelstedt, den Intendanten des Königl. Hof- und Nationaltheaters München, über das Trauerspiel geschrieben: »*Es lag mir seit lange am Herzen, einmal etwas recht Deutsches darzustellen und unserem alten Reich, totgeschlagen 1804 und begraben 1848, ein Kreuz aufzurichten. Das ist oft versucht worden, ohne zu gelingen, und von Talenten, wel-*

che übertreffen zu können, ich mir wahrlich nicht einbilde. Aber sie scheiterten nach meiner Meinung daran, daß sie den Hintergrund zum Vordergrund machten; eine Geschichte, die immer resultatlos war, muß kein Zentrum abgeben wollen. Ich habe eine einfach rührende, menschlich schöne Handlung, treu und schlicht, wie der Chronist sie überliefert, in die Mitte gestellt und das Reich mit allen seinen Elementen steht dahinter, wie ein ungeheurer Berg mit Donner und Blitz ... wenn Sie den Gedanken mit dem Gastspiel meiner Frau festhalten, dürfte diese Novität auf dem Boden, politisch- und sozial-unverfänglich, wie sie durchweg ist, willkommen sein ...«* (Br. IV 336f.) Am 26. Januar 1852 schickte Hebbel das Manuskript nach München. Dingelstedt nahm an und brachte die Uraufführung gegen lokalpatriotische Hemmnisse und gegen die gleichzeitig von Melchior Meyr eingereichte Bearbeitung desselben Stoffes, eines »Herzog Albrecht«, zustande. Hebbel, der diese schnelle Durchsetzung des Werkes anstrebte, reiste zur Aufführung selbst nach München. *»Ich wollte, mit Rücksicht auf Wien, den Beweis liefern, daß die Agnes Bernauer in einer katholischen Stadt und unter den Augen des Wittelsbacher Herrschergeschlechts gegeben werden könne, und dazu bot mir Freund Dingelstedt bereitwilligst die Hand. Es wurde infolgedessen manches übereilt ...«* (Br. V 59.)

Die Uraufführung fand am 25. Mai 1852 statt. Über sie berichtet der Autor in einem Brief an den Schauspieler Loewe in Stuttgart, nachdem er das Drama an den dortigen Intendanten geschickt hatte. *»Das Stück hat in München bereits die Feuerprobe bestanden, und unter Umständen, die den ganz entschiedenen Erfolg als doppelt gewichtig erscheinen lassen. Es wurde nämlich in einem Moment gegeben, wo zwei der Hauptdarsteller – Dahn und Lang – abwesend waren, was dann natürlich die ganze Besetzung auf die allernachteiligste Weise alterierte. Die Intendanz wollte, in meinem Interesse, ungern daran, aber ich hatte Eile und zog es vor, va banque zu spielen, anstatt zu warten. Weiter hatte die Repräsentantin der Agnes, Fräul. Damböck, nicht eine Spur von jenem kindlich-jungfräulichen Wesen, ohne das der Charakter nicht bloß die Farbe, sondern auch den Umriß verliert. Und endlich mußten wir den Herzog Ernst einem Anfänger anvertrauen, der seine erste Probe so ablegte, daß* *er nie zur zweiten gelangen wird. Dennoch wurde der Dichter vom überfüllten Hause drei Mal gerufen«* (Neue Hebbel-Briefe, 101f.). Zu den künstlerischen Schwierigkeiten in München kamen noch Demonstrationen mehr politischen Charakters, da man in dem Bruch zwischen dem regierenden und dem jungen Herzog Anspielungen auf zufällig aktuelle Verhältnisse zu sehen glaubte. Ein königliches Verbot soll deswegen die Wiederholung verhindert haben.

Die Stuttgarter Aufführung am 14. November 1852, *»mit dem größten, ja enthusiastischen Beifall«* bedacht, bedeutete nach einer Weimarer Inszenierung vom 18. September dann die endgültige Anerkennung. Daß die Aufnahme in den Spielplan des Wiener Burgtheaters an den zahlreichen Änderungswünschen scheiterte, fiel dagegen nicht mehr ins Gewicht. 1855 erschien »Agnes Bernauer« bei Tendler & Comp. in Wien im Druck.

Für eine Idee dieses wie anderer Stücke Hebbels, nämlich das Recht der Gesamtheit gegenüber dem Individuum, ist eine briefliche Äußerung an Karl Werner bezeichnend: *»Es ist darin ganz einfach das Verhältnis des Individuums zur Gesellschaft dargestellt und demgemäß an zwei Charakteren, von denen der eine aus der höchsten Region hervorging, der andere aus der niedrigsten, anschaulich gemacht, daß das Individuum, wie herrlich und groß, wie edel und schön es immer sei, sich der Gesellschaft unter allen Umständen beugen muß, weil in dieser und ihrem notwendigen formalen Ausdruck, dem Staat, die ganze Menschheit lebt, in jenem aber nur eine einzelne Seite derselben zur Entfaltung kommt. Das ist eine ernste, bittere Lehre, für die ich von dem hohlen Demokratismus unserer Zeit keinen Dank erwarte; sie geht aber durch die ganze Geschichte hindurch, und wem es gefällt, meine früheren Dramen in ihrer Totalität zu studieren, statt bequemerweise bei den Einzelheiten stehenzubleiben, der wird sie auch dort schon vernehmlich genug, soweit es der jedesmalige Kreis gestattete, ausgesprochen finden«* (Br. IV 358).

Hebbel sah, wie schon der Hinweis auf die *»zwei Charaktere«* zeigt, in »Agnes Bernauer« das *»stellvertretende Leiden«* jedoch keineswegs nur auf die Titelgestalt beschränkt. Auch Herzog Ernst bringt ein furchtbares Opfer, indem er seinen eigenen Sohn daransetzt, um das Recht des Staates zu retten: »Ich glaube, daß es Momente gibt, wo das positive Recht zurücktreten muß, weil das Fundament erschüttert ist, auf dem es selbst beruht... Dann aber ist ebensowenig, wie beim Krieg, von einem Mord, sondern von einem Opfer die Rede, und die Ausgleichung der individuellen Verletzung muß, wie bei jenem, in das religiöse Moment, in die höhere Lebenssphäre, der wir alle mit schüchterner Hoffnung oder mit zuversichtlichem Vertrauen entgegensehen, gesetzt werden. Ich glaube, man kann dieser Anschauung der Dinge beitreten, ohne einen Mißbrauch besorgen zu dürfen, denn sie kommt überhaupt nur für eine ganz ungeheure Situation in Betracht, und muß dann jedes Mal, das ist die unerläßliche Probe, mit der Macht selbst, die sie in Anwendung bringt, bezahlt werden, was wohl alle bloße Gewalt-Inhaber hinreichend abschreckt, sich auf sie zu berufen, oder sie, wenn sie es doch tun, auf der Stelle als Lügner und Heuchler erscheinen läßt. Darum kann der Sohn zum Schluß auch wohl nicht anders, als gebeugt und zerschmettert dastehen; bis zum Versuch des Vatermords geht er ja und ihn wirklich zu vollbringen, ist doch gewiß auch der blindesten Leidenschaftlichkeit nicht mehr möglich, wenn der Vater zum Beweis, daß nichts als das Pflichtgefühl in ihm tätig war, freiwillig alle Waffen streckt und sie selbst zum Gericht über sich aufruft« (Br. V 205).

B.

Friedrich Hebbel

WERKE IN RECLAMS UNIVERSAL-BIBLIOTHEK

Agnes Bernauer. Trauerspiel. Mit einem Nachwort. 4268 – dazu *Erläuterungen und Dokumente.* Herausgegeben von Karl Pörnbacher. 8127 [2]

Gedichte. Eine Auswahl. Mit einem Nachwort von U. Henry Gerlach. 3231

Genoveva. Tragödie. Herausgegeben von Herbert Kraft. 5443 [2]

Gyges und sein Ring. Tragödie. Mit einem Nachwort. 3199

Herodes und Mariamne. Tragödie. Mit einem Nachwort. 3188

Judith. Tragödie. 3161

Maria Magdalena. Bürgerliches Trauerspiel. 3173 – dazu *Erläuterungen und Dokumente.* Herausgegeben von Karl Pörnbacher. 8105

Die Nibelungen. Trauerspiel. 3171 [2]

Tagebücher. Auswahl und Nachwort von Anni Meetz. Mit 8 Bildtafeln und 2 Faksimiles. 8247 [6]

PHILIPP RECLAM JUN. STUTTGART